两千年史记学研究

丁德科　马雅琴　著

商务印书馆
The Commercial Press
2018年·北京

图书在版编目（CIP）数据

两千年史记学研究 / 丁德科，马雅琴著. —北京：
商务印书馆，2018
ISBN 978-7-100-16675-1

Ⅰ.①两… Ⅱ.①丁… ②马… Ⅲ.①《史记》—研究 Ⅳ.①K204.2

中国版本图书馆CIP数据核字（2018）第224104号

本书由渭南师范学院学术著作出版基金
资助出版

权利保留，侵权必究。

两千年史记学研究
丁德科　马雅琴　著

商　务　印　书　馆　出　版
（北京王府井大街36号　邮政编码 100710）
商　务　印　书　馆　发　行
三河市尚艺印装有限公司印刷
ISBN 978-7-100-16675-1

2018年10月第1版　　开本 880×1230　1/32
2018年10月第1次印刷　印张 8 3/4
定价：50.00元

前　言

　　司马迁是世界文化名人,他的《史记》是中华民族上古三千年文化史之凝结,是一部不朽的百科全书。东汉班固称《史记》为"不虚美,不隐恶,故谓之实录"。鲁迅先生赞誉其为"史家之绝唱,无韵之离骚"。两千多年来,司马迁及其《史记》始终受到国内外学者的重视,研究成果可谓汗牛充栋,逐渐形成了一门历久弥新的学科——"史记学"。以司马迁与《史记》为研究对象的史记学,绵延两千多年,其特点与成就,可归纳为"本""注""评""著""歌""戏""传""人""台""质"十个方面,大体涵盖了古今中外对司马迁与《史记》的研究、评价、传播及研究学人、研究平台等内容。"本",即《史记》的各种版本,包括写本、刻本、全本、选本等,《史记》各种版本的兴盛与司马迁和《史记》研究的深入、广泛传播密切相关。"注",即对《史记》文本的考证、注释与研究,古今中外学者对《史记》文本研究呈现出从微观的文献史料研究到宏观的全本文献研究的飞跃。"评",即对司马迁与《史记》的评论,包括对《史记》编纂体例、实录精神、人物、文章风格等方面富有真知灼见的评论。"著",即对司马迁与《史记》的研究论著,这些论著呈现出诠释性、辨析性、普及性、理论性等特征。"歌",即传诵司马迁与《史记》的诗歌,用诗歌形式品评司马迁与《史记》,或在诗歌中运用《史记》典故作为比喻,内容丰富,形式多样。"戏",即以戏剧形式反映司马迁、传播《史记》的史记戏,具有内容与形式的时代性、虚实相生的艺术构思、寓教于乐的教化功能等特点。"传",即以多种形式使司马迁与《史记》故事、思想、精神、人文观念广为流传颂扬,熏陶滋润人们的心田。"人",即研究司马迁与《史记》的学人,在他们身上体现出《史记》研究家与《史记》人文精神践行者两方面的特征。"台",即司马迁与《史记》研究平台,具有众多、学术、教化等特点,是司马迁人文精神与《史记》研究、传承与普及的载体。"质"即司马迁精神,或曰《史记》精神,为历代研究者探索、提炼、概括,为仁人志士、有责匹夫所遵循。本书试做梳理,以期概况其成就,明晰其特点,探讨其价值意义,为史记学以至中华文化之研究与发展提供借鉴,弘扬社会主义核心价值观。

目 录

壹 本

一、《史记》写本 ... 3

二、《史记》刻本 ... 7

三、《史记》全本 ... 11

四、《史记》选本 ... 15

五、《史记》版本特征 ... 20

贰 注

一、传统史学对《史记》文本的考证与注释 ... 29

二、近代学者对《史记》文本的考证与研究 ... 36

三、现当代学者对《史记》文本的研究 ... 40

四、台湾及海外学者对《史记》文本的考证与研究 ... 45

叁 评

一、对《史记》编纂体例的评价 ... 51

二、对《史记》实录精神的评价 ... 55

三、对《史记》人物的评论 ... 60

四、对《史记》文章风格的评论 ... 66

肆 著

一、普及性 ... 75

二、工具性 ... 81

三、综合性 ... 84

四、理论性 ... 87

伍 歌

一、传诵司马迁与《史记》诗歌的价值 ... 95

二、传诵司马迁与《史记》诗歌的内涵特征 ... 100

陆 戏

一、内容与形式的时代性 ... 113

二、虚实相生的艺术构思 ... 117

三、寓教于乐的教化功能 ... 121

柒 传

一、通俗文学对司马迁与《史记》的普及宣传 ... 127

二、多渠道普及宣传司马迁与《史记》... 133

三、两千年宣传普及司马迁与《史记》的成就 ... 137

捌 人

一、古代、近代、现代史记学人 ... 149

二、当代史记学人及其特征 ... 159

玖 台

一、古代书院对司马迁与《史记》的传播普及 ... 169

二、当代多层次、立体化、网络化的研究平台 ... 178

三、多层次研究平台的成绩 ... 183

拾 质
　一、司马迁精神研究历程 ... 191
　二、当代司马迁精神研究成果 ... 198

附 录
　论司马迁精神 ... 208

壹

本

"本",即《史记》的各种版本。《史记》自问世以来,在两千多年的传播过程中不断地流传,产生了众多的全本、选本、注本、刻本等,构成了庞大的《史记》版本体系。按《史记》版本内容全否划分,有全本、选本等;按注解方式划分,有注本、评注本、批本、批点本、校本、批校本等;按版本印刷方式划分,有影印本、排印本;按制作方式划分,有写本、印本等。伴随着多种《史记》版本的出现与流传,对司马迁与《史记》的研究更加深入,《史记》也走进了寻常百姓之家。

一、《史记》写本

写本即手抄的书本,这是古籍早期流传的图书形式。从《史记》版本产生发展来考察,汉魏唐时代,《史记》以写本为主。从宋代开始,随着雕版印刷兴起,《史记》刻本渐为兴盛。《史记》书成之后,"藏之名山,副在京师",可知《史记》起始有正、副两个本子。"藏在京师的副本并不是藏在家里,而是被收入汉皇家书府。"[1] 班固《汉书·司马迁传》云:"迁既死后,其书稍出。宣帝时,迁外孙平通侯杨恽祖述其书,遂宣布焉。"杨恽宣布的《史记》,即藏于家里的正本。

---

[1] 张玉春、应三玉:《史记版本及三家注研究》,载张大可、丁德科主编:《史记论著集成》第十二卷,商务印书馆2015年版,第11页。

可知，汉代《史记》流传，"副本在先，正本在后"。《史记》在西汉末年至东汉初期，是以手抄的单篇形式流传的。据《后汉书·窦融传》记载："融乃与五郡太守共砥厉兵马，上疏请师期。帝深嘉美之，乃赐融以外属图及太史公《五宗》《外戚世家》《魏其侯列传》。"汉代出现了褚少孙等补《史记》、诸家续《史记》等。魏晋南北朝时期，《史记》得以广泛流传，出现了谯周《古史考》、颜之推《颜氏家训·书证篇》、徐广《史记音义》、裴骃《史记集解》等，但这些写本大都没有流传下来，仅有两件残本存世：一为《史记集解·张丞相列传》，一为《史记集解·郦生陆贾列传》。这两件《史记》残本现藏于日本石山寺。1918年罗振玉曾影印，收入《古写本〈史记〉残卷》刊出。①

到了唐代，学习研究《史记》的人越来越多，传抄《史记》盛行，于是《史记》写本繁盛起来。这一时期的《史记》写本，是在自然传抄状态下进行的，

---

① 参见张玉春、应三玉：《史记版本及三家注研究》，载张大可、丁德科主编：《史记论著集成》第十二卷，商务印书馆2015年版，第32页。

无人为的随意窜改现象。张玉春认为，唐代写本更接近《史记》原貌。① 唐代写本有顾柳言《史记音解》、刘伯庄《史记音义》、许子儒《注史记》《史记音》、司马贞《史记索隐》、张守节《史记正义》等著作。可惜这些《史记》写本大多已经亡佚，现仅存九件残卷，即敦煌石窟写本和传世唐写本。敦煌石窟写本共三件：《史记集解·燕召王世家》残卷、《史记集解·管蔡世家》残卷、《史记集解·伯夷列传》残卷。这三件写本目前存于法国巴黎国家图书馆。"1947 年，收入经陆志鸿整理的《敦煌秘籍留真新编》，由台湾大学影印出版。"传世唐写本共有六件，分别是：《史记集解·夏本纪》一卷，东洋文库藏（高山寺旧藏）；《史记集解·殷本纪》一卷，高山寺藏（1894 年由罗振玉影印，收入《吉石庵丛书》第四集）；《史记集解·周本纪》残卷，高山寺藏；《史记集解·秦本纪》一卷，东洋文库藏（高山寺旧藏）；《史记集解·高祖本纪》一

---

① 参见张玉春、应三玉：《史记版本及三家注研究》，载张大可、丁德科主编：《史记论著集成》第十二卷，商务印书馆 2015 年版，第 53 页。

卷，宫内厅书陵部藏；《史记集解·河渠书》残卷，神田文库藏（罗振玉于1918年影印，收入《古写本〈史记〉残卷》中）。①

可见，现存《史记》古代写本都是残本。写本费时、费事，又容易抄错、抄漏。到了宋代，雕版印刷已发展到全盛，从此，《史记》基本告别了写本，有了刻本。此后，写本仅为个别人书抄，存赠阅赏。可以说，刻本的产生，标志《史记》版本定型的开始。

---

① 参见张玉春、应三玉：《史记版本及三家注研究》，载张大可、丁德科主编：《史记论著集成》第十二卷，商务印书馆2015年版，第40—49页。

二、《史记》刻本

刻本，亦称刊本，是雕版刻印的印刷本。《史记》刻本的出现，是《史记》版本发展的一个重要阶段。张玉春认为，《史记》最早的刻本是北宋太宗淳化五年（994）本，是据众多前代写本整理而成。此本早已失传，但其修补本依然流传，即刊于北宋仁宗景祐年间的景祐本。[①] 南宋出现了《集解》《索隐》二家注合刻本。宋孝宗乾道七年（1171）建安蔡梦弼刻本，是现今所能见到的最早《集解》《索隐》二家注合刻本。南宋光宗绍熙年间（1190—1195）建安黄善夫刊本，是现今所能

---

① 参见张玉春：《〈史记〉早期版本源流研究》，《史学史研究》2002年第1期。

见到的最早的《集解》《索隐》《正义》三家注合刻本。元世祖至元二十五年（1288）出现了彭寅翁刊本。

明代《史记》刻本的门类广，数量多，这是前面任何一个朝代所不能比拟的。明代正德到隆庆时期，《史记》被刊刻的版本有八种；嘉靖一朝官刻的《史记》有五种①。明代著名的刻本有：廖铠刻三家注合刻本、"嘉靖三刻"三家注合刻本、南北国子监刊三家注合刻本等。据笔者不完全统计，明代有关《史记》评点、评抄方面的刻本大约有四十多种。诸如茅坤《史记钞》、凌稚隆《史记评林》、沈科《史记钞》、穆文熙《批点史记节略》、詹惟修《史记拔奇》、张溥《史记珍钞》、童养正《史记统》、钟惺《史记辑评》、金蟠《史记汇评》、朱东观《史记集评》等。

和明代《史记》刻本相比，清代刊刻的《史记》要少。最具代表性的是"殿本""局本"《史记》。殿本《史记》，即清代乾隆四年（1739）武英殿据明北监

---

① 参见朱志先：《凌稚隆〈史记评林〉探析》，《古籍整理研究学刊》2009年第4期。

本刊刻的《史记集解索隐正义》合刻本，是清代官刻《二十四史》之一，故又称之为"殿本"《史记》。殿本《史记》在清代就不断有人翻刻或影印，形成了一个很大的殿本《史记》体系。局本《史记》，即清同治五年至九年（1866—1870）金陵书局请张文虎主持刊刻《史记集解索隐正义》合刻本，此本号称是不主一本，择善而从，是清代后期比较好的刊本。据笔者不完全统计，清代有关《史记》评点、评抄方面的刻本大约有三十多种。诸如储欣《史记选》、汤谐《史记半解》、王又朴《史记七篇读法》、方苞《史记评语》《读史记》、牛运震《史记评注》、计儒《史记精选要言》、蒋善辑《同庵史汇》（又称《史记汇纂》）等。

同时，《史记》曾在海外刊刻出版过。"韩国学者1981年12月出版了《奎章阁图书韩国本综合目录》，此书1994年修订再版，其中著录了韩国刊行的两部刻本《史记评林》，两种活字版《史记评林》。"[①] 在日本，

---

① 张兴吉：《二十世纪〈史记〉版本研究的回顾》，《文献季刊》2004年第3期。

《史记评林》被大量地翻刻，有十四个版本之多。日本泷川资言《史记会注考证》刊本也非常有名。此本以金陵书局本为底本，引用典籍一百二十余种，将历代注释整理后加上自身的研究成果，以考证的形式，与经订补后的三家注，合刻于《史记》正文之下，成就此书。

三、《史记》全本

全本即内容完全、未经选录、没有删节的书。包括了白文本、全注本、全新注释本，还有白话全译本、文白对照本，也应包括明清时期的评注本、批校本等。白文本即不注、不译、不删节的原文本，就是文白无注本。《史记》最早的白文本，应该是司马迁所撰写的正副两本。在《史记》版本流传过程中，白文本《史记》相对较少。到了明隆庆年间（1567—1572）出现了新安吴勉学校刊本《史记》一百三十卷。明邓以赞辑评，陈祖苞参补《史记辑评》二十四卷，书中无注，但有评语。20世纪30年代以后，白文本《史记》渐渐多起来，顾颉刚、徐文珊点校的白文本《史记》，是《史记》的第一个标点本。1988年长沙岳麓书社出版的《史记》（此本无表），1994年郑州中州古籍出版社出版的《史记》标点本，1998年甘肃民族出版社出版、梁昭晖标点的《史记》（此本无表）等都具有代表性。2016年商务印书馆出版的张大可、丁德科的《史记通解》（九册），是集校、注、评和白话全译于一体的《史记》全本。

　　《史记》注本最早是以夹注本形式出现的。南朝宋时期裴骃以徐广《史记音义》为本，兼采经、传、诸史及孔安国、郑玄、服虔、贾逵等人之说，撰写了《史记集解》。后来《史记集解》注文散入《史记》一百三十篇中，从此出现了《史记》的夹注本。到了南宋光宗绍熙年间，出现了裴骃《史记集解》、唐司马贞《史记索隐》、唐张守节《史记正义》散列正文下并合为一编的《史记集解索隐正义》三家注合刻本，是目前所知最早的三家注本。明清时期出版的各类《史记》刻本，多为评注本。如明代陈仁锡《史记评林》、杨慎《史记题评》、陈子龙等《史记测议》，等等，清吴见思《史记论文》、程馀庆《史记集说》、吴汝纶《桐城吴先生点勘史记读本》等。1959年中华书局出版的《史记》点校本（附录三家注），是目前最为通行的本子。2005年赵生群等对中华书局点校本《史记》进行修订，并于2013年由中华书局重新出版。20世纪80年代至今，各种《史记》注本层出不穷。主要有王利器《史记注译》、张大可《史记全本新注》、吴树平等《全注全译史记》、马持盈《史记今注》、王叔岷《史记斠证》、施之勉《史记会注考证订补》、张森楷《史记新校注稿》，等等。在日本，出现了对《史记》注释的著作。其中泷川资言《史记会注考证》、水泽利忠《史记会注考证校补》最具代表性。

《史记》白话本是伴随着《史记》的传播与普及而出现的。笔者依据张大可"《史记》版本存世书目索引"检索[1]，发现龙宇纯等译《白话史记》（全六册，台北河洛图书出版社1979年版），是比较早的《史记》

---

[1] 参见张大可、俞樟华、梁建邦：《史记论著提要与论文索引》，载张大可、丁德科主编：《史记论著集成》第二十卷，商务印书馆2015年版，第204页。

白话本。20世纪80年代至今,随着《史记》的大众化、普及化,白话本《史记》越来越多。具代表性的有张大可《史记》(白话本)、吴东顺《史记全译》、杨家骆《〈史记〉今译》、台湾六十教授《白话史记》、杨燕起等《白话史记》、冯克诚《文白对照史记》等。

目前,《史记》全本或部分篇章已经被译成俄文、英文、德文、法文、日文、韩文、丹麦文、捷克文、匈牙利文、蒙古文等。韩国李英根于1973年出版了《史记》(共六册),是第一部韩文全译本①。俄罗斯越特金和其儿子阿纳托里·维亚特金等,于2010年出版了《史记》(九卷)俄译本。丹麦古诺·斯万(Gunnar O. Svane)于2007年出版了《史记》(一百三十卷)丹麦文译本。美国倪豪士教授从20世纪90年代组织人员英译《史记》,目前已经出版了五册,翻译《史记》一百多卷。

---

① 参见张新科、俞樟华:《史记研究史及史记研究家》,载张大可、丁德科主编:《史记论著集成》第十三卷,商务印书馆2015年版,第314页。

四、《史记》选本

《史记》选本出现较早。汉代学者卫飒,"约《史记》要言,以类相从",卫飒考虑到《史记》记载内容的驳杂与多样丰富性,删减《史记》,编撰了《史要》十卷,这便是典型的《史记》选本。到了唐代,出现了从政治角度选取《史记》的本子。魏徵主持编撰的《群书治要》,其中采摘《史记》文字编为全书卷第十一、第十二,即《史记治要》,共选录《史记》文章三十一篇。宋代出现了以文学思想主导下的《史记》选本。诸如吕祖谦《东莱先生史记详节》(又名《史记详节》)、真德秀《文章正宗》等。明清时期是《史记》选本的兴盛时代。明代有凌稚隆《史记纂》、何孟春《何燕泉史记评钞》、茅瓉《茅见沧史记评钞》、凌约言《凌藻泉史记评钞》、归有光《归震川评点史记》、朱之蕃《百大家评注史记》等。清代的有李晚芳《读史管见》、邵晋涵《史记辑评》、孙琮《史记选》、姚祖恩《史记菁华录》等。在民国《史记》选本中，周宇澄《广注史记精华》、中华书局辑校《史记精华》、胡怀琛《史记选注》最具代表性。

《史记》是我国传统文化的瑰宝，让广大人民群众了解《史记》、学习《史记》，进而研究《史记》，传承司马迁精神，弘扬中华人文精神，才是研究《史记》、传播《史记》的关键所在。从新中国成立到现在，随着《史记》研究的不断深入，各种各类的普及性《史记》选本纷纷出现。笔者根据《史记论著提要与论文索引·现当代〈史记〉论著索引》(1950年—2000年)①初步统计，从新中国成立到新世纪之交，各种各类的《史记》选本大约有七十多种；根据《司马

---

① 参见张大可、俞樟华、梁建邦：《史记论著提要与论文索引》，载张大可、丁德科主编：《史记论著集成》第二十卷，商务印书馆2015年版，146—152页。

迁与〈史记〉研究年鉴》（2004年卷—2011年卷）[1]初步统计，从2001年至2011年，各种各类的《史记》选本大约有一百二十多种。这些选本呈现出多样化的特点，诸如选读精讲类、鉴赏类、注译类、白话翻译类、故事类、译文类等。

选读精讲类：这类选本精选《史记》中描写生动而故事性较强的篇目或片段，进行精彩讲解，其目的在于向广大读者介绍《史记》这部文史名著，为读者学习和研究提供一个便于阅读的本子。著名的有王邻苏《〈史记〉选读》、张友鸾《〈史记〉选注》、郑权中《〈史记〉选讲》、韩兆琦《史记精讲》、杨燕起等《史记精华导读》，等等。

鉴赏类《史记》选本：这类选本多取材于《史记》中精彩的人物传记，从《史记》人物形象自身所具有的内在实际出发，联系作品对人物性格做简要分析，力求赏出《史记》人物的真面目、真思想、真精神、真

---

[1] 参见《司马迁与〈史记〉研究年鉴》（2004年卷—2011年卷），分别由陕西人民出版社、商务印书馆出版。

作为。诸如韩兆琦《史记评议赏析》、朱靖华和顾建华《史记名篇赏析》、傅德岷《史记鉴赏》、杨波《〈史记〉品评》、张大可和丁德科《史记观止》等。

注译类《史记》选本：这类选本选取《史记》中的篇目或片段，力求用通俗易懂的语言对《史记》原文加以翻译，用简洁的语言进行注释，还原《史记》原貌，力求让读者在轻松愉悦中学习《史记》，研究《史记》。如张大可《史记选注讲》、韩兆琦《史记选注》、张光勤《史记精华注译》、甘宏伟等《史记评注译》，等等。

故事类《史记》选本：据笔者初步统计，从1950—2011年，在各类普及性《史记》选本中，故事类《史记》选本最多，达六十余部。其最大特点是文字优美，清新自然，叙述幽默，引人入胜。如阳湖《司马迁的故事》、瞿蜕园《史记故事选》、杨知秋《史记故事新编》、张玉春《史记人物新传》、仓阳卿《史记人物故事》、青木《史记故事大全集》，等等。

译文类《史记》选本：如外文出版社1979年版

《史记选》(英文);奥尔黑勒译,民族出版社1980年版《史记选》(蒙文);方元成译,辽宁人民出版社1982年版《史记选》(朝鲜文);张大可、丁德科编著,雷来富等译,武汉大学出版社2016年版《史记观止》(英文)等。

五、《史记》版本特征

纵观《史记》版本的发展历史,可发现其呈现出四个方面的特征:

从《史记》各种版本的内容看,文学性的《史记》版本居多。这是众多《史记》版本最显著的特征,其中以《史记》选本为代表。明清时期,是《史记》选本的繁盛时代。从整体上看,明清《史记》选本最显著的特点是从文学方面选取《史记》篇目,通过作品评点形式,评价《史记》的文学性。从评点内容看,明人开始从文学角度评点《史记》章法、叙事、写人、语言、风格等诸多方面,使《史记》文章学地位不断被经典化。和明代《史记》选本相比,清代《史记》

选本更加自觉地从文学方面选取《史记》篇目，这些《史记》选本的作家们，注重探究《史记》的表现形式，挖掘《史记》的审美价值，指引读者欣赏《史记》文章之美，教导后学读文章的方法、写文章的策略，推进了古代文学的发展。新中国成立以后至今出现的选读精讲类《史记》选本、鉴赏类《史记》选本、注译类《史记》选本、故事类《史记》选本等，无一不重视选本的文学性、可读性。

《史记》各种版本的兴盛与司马迁和《史记》的深入研究、广泛传播密切相关，这几方面共同促进了司马迁与《史记》的大众化、普及化。这是《史记》版本的第二个特征。魏晋南北朝时期，《史记》以写本形式在社会上得到比较广泛的传播流行，司马迁与《史记》研究已经展开。唐代，随着《史记》被尊为正史，《史记》也成为科举考试的科目。唐穆宗时，谏议大夫殷侑奏请设置三史科，标志着《史记》正式被纳入科举考试的常考科目。殷侑奏请曰："历代史书，皆记当时善恶，系以褒贬，垂裕劝戒。其司马迁《史记》，班固、范晔两《汉书》，音义详明，惩恶劝善，亚于《六经》，堪为世教。伏惟国朝故事，国子学有文史直者，弘文馆弘文生，并试以《史记》、两《汉书》、《三国志》。"考试的方法是每史问大义百条，而且，"其三史皆通者，请录奏闻，特加奖擢"。① 随着《史记》被纳入科举考试的科目，在学术界出现了研究《史记》的热潮，《史记》写本呈现出繁盛势态。宋元明清时期，司马迁与《史记》研究兴盛，《史记》成为广大读书人的必读深修之书，所以《史记》被大量刊刻印行，出现了黄善夫刊本、彭寅翁刊本、明廖铠刻三家注本、明"嘉靖三刻"三家注合刻本、明南北国子监刊三家注合刻本、殿本《史记》、局本《史记》，以及众多的评点本。新中国成立以后至今，司马迁与《史记》研究进一步深入，各种《史记》普及本纷纷涌现，再加上各种新的传播媒介的加入，从而使司马迁与《史记》家喻户晓，逐步走向普及化、大众化。

---

① 王溥：《唐会要》上册，中华书局1955年版，第398页。

《史记》版本是伴随着社会进步、科学文化发展而不断丰富和扩大的。这是《史记》版本的第三个特征。从宋代开始，随着雕版印书的兴起，《史记》出现了刻本。明清时期《史记》刻本的兴盛，既与当时社会经济的迅速发展有关，也与明清印刷技术的提高、文学复古大潮的兴起、科举制义的热切需求密不可分。我们以明代为例做一说明。首先，明代经济发展迅速，印刷技术与商业流通都较前代有了较大进步，给刻印《史记》提供了有利条件。其次，在文化领域，出现了汹涌澎湃的文学复古大潮，《史记》的声名随之提高。最后，科举制义的热切需求。明代科举制度逐渐发展成熟，并达到鼎盛。《史记》成了科举制义中不可缺少的经史原典，是举业读书人必须苦心研读的典籍，对《史记》的摹拟、效法是许多学子赢得举业的有效训练方式。所以《史记》的读者群激增，《史记》被频繁刊刻。"评点""评抄"成为明代《史记》选本的重要形式，正因为如此，明代《史记》评点本大多表现出明显的为举业服务的功用性特点。

新中国成立以后,特别是20世纪80年代至今,随着我国改革开放和经济社会的发展,时代呼唤文化大发展大繁荣。20世纪90年代以来,在文化上出现了"国学热",反映了当代中国在新的历史条件下,思想与文化的又一次跃升,对于普及传统文化具有极大的促进作用。在这种文化背景下,各种各样的《史记》普及本大量涌现。

《史记》版本研究的进步,是伴随着《史记》研究的深入而前进的。这是《史记》版本的第四个特征。张玉春认为:宋代是《史记》版本研究的开创期[1],主要体现在藏书家的藏书目录中。如陈振孙《直斋书录解题》、晁公武《郡斋读书志》等,开始记载书籍的版本形态。明代在《史记》版本研究上,仍局限于藏书家的著录方面,这一时期主要考究宋元本的版本特征,主要有叶盛《菉竹堂书目》、胡应麟《二酉山房书目》等。清代是版本学的兴盛时期,随着《史记》研

---

[1] 参见张玉春:《〈史记〉早期版本源流研究》,《史学史研究》2002年第1期。

究的鼎盛，清代对《史记》版本的研究也发展起来，出现了一系列对《史记》版本进行研究的专门性著作。"学者将考证学引入《史记》研究，对《史记》文字的衍、讹、脱、误作了大量的考证工作，取得了前所未有的丰硕成果，为确定《史记》版本系统及优劣提供了可信的依据。"①如梁玉绳《史记志疑》、杭世骏《史记考证》、钱大昕《史记考异》、王筠《史记校》、张文虎《校刊史记集解索隐正义札记》等。20世纪二三十年代，出现了论述《史记》版本的论文，如王重民《〈史记〉版本研究及参考书》、赵澄《史记版本考》等，开创了《史记》版本研究的新时代。20世纪50年代，出现了贺次君《史记书录》专著，著录《史记》版本六十余种，"几乎包括了现存的《史记》所有主要版本。对各版本的命名及关系，各本的形成、版式及其在《史记》版本体系中的地位等问题都有全面的探讨，是一部至今为止研究《史记》版本的最重要

---

① 张玉春：《〈史记〉早期版本源流研究》，《史学史研究》2002年第1期。

的工具书"[1]。20世纪80年代，安平秋《〈史记〉版本述要》一文，对《史记》诸版本的形态，特别是版式有比较详细的介绍。到了新世纪，张玉春的《〈史记〉版本研究》，在《史记》版本研究史上，第一次对《史记》的六朝写本到明代刻本的体系进行了全面的梳理，对《史记》各版本之间的关系加以说明。张兴吉《元刻〈史记〉彭寅翁本研究》，系统而细致地考察彭本的版式形态及彭本对三家注删节的内容、性质与原因，进而揭示《史记》三家注在刊行中的变化情况，具有一定的学术价值。

日本学界对《史记》版本研究也取得了一定成绩。如冈本保孝《史记传本考》、寺冈龙含《史记三家注合刻的创始时代和版本系统考究》、水泽利忠《史记之文献学的研究》、尾崎康《正史宋元版研究》《以正史为中心的宋元版本研究》等著作，对《史记》版本做了广泛的介绍和深入的考察。

---

[1] 张兴吉：《二十世纪：〈史记〉版本研究的回顾》，《文献季刊》2004年第3期。

貳

注

"注",即对《史记》文本的考证、注释与研究。《史记》记载上起黄帝下至汉武帝时期的上古三千年的历史与文化,内容丰富,史料弘博,古往今来的读者无不感喟。所以,传统史学对《史记》文本的研究,尤其注重对史料的考证与注释,这是《史记》文本研究最基本也是最传统的方法。

一、传统史学对《史记》文本的考证与注释

最早为《史记》作注的是东汉人延笃。《史记·索隐后序》云,"古今为注解者绝省,音义亦希。始后汉延笃乃有《音义》一卷,又别有《章隐》五卷"[1],但早亡佚。此后,晋代徐广,南朝刘宋时期裴骃,唐代顾柳言、刘伯庄、司马贞、张守节等人,都曾为《史记》作注。其中最具代表性的是唐代《史记》三家注,这是《史记》研究史上第一座里程碑。裴骃以徐广《史记音义》为本,博采经传百家及先儒学说以注《史记》,写成《史记集解》(八十卷),为不朽之作,成为

---

[1] 司马迁:《史记》,中华书局1982年版,第9页。

现存最早的《史记》注本。唐司马贞又在《史记集解》基础上，广采经传典故，探求异闻，解裴氏之未解，音注释义，著成《史记索隐》（三十卷）。唐张守节长于地理，精通音韵，步裴骃、司马贞之后，观采六籍九流、地理苍雅，既为《史记》原文作注，又为《集解》《索隐》作注，用了三十余年时间撰成《史记正义》（三十卷）。三家注注音释义，校勘文字，考释辨正，引经补史，涉及文字、音韵、天文、山川、鸟兽、虫木、制度、名物、职官、政治、风俗等，无所不备。"《史记》三家注在集结前人《史记》注释成果的基础上，考释辨正，阐幽发微，将《史记》注释推向了一个崭新的阶段。"[1]魏晋南北朝时期，是《史记》传播和初步研究时期，史学家谯周《古史考》、颜之推《颜氏家训·书证篇》等对《史记》事实进行考证，从而揭开了《史记》考证的序幕，意义重大。

---

[1] 张玉春、应三玉：《史记版本及三家注研究》，载张大可、丁德科主编：《史记论著集成》第十二卷，商务印书馆2015年版，第311—312页。

宋元以降,《史记》注释、考证之作逐渐增多。南宋倪思编撰的《班马异同》,是一部将《史记》与《汉书》进行对勘比较的著作。"以《史记》本文大书,凡《史记》无而《汉书》所加者,则以细字书之;《史记》有而《汉书》所删者,则以墨笔勒字旁。"[1] 通过这样逐字、逐句、逐段、逐篇的对照比勘,使得《史记》《汉书》的异同显而易见,长短鲜明。《班马异同》在《史记》研究上,开拓了比较研究的新领域,为后人从史学、文学、语言文字等方面对《史记》进一步研究奠定了良好的基础。到了明代,许相卿在《班马异同》基础上编撰了《史记》《汉书》异同比较的改进本《史汉方驾》(三十五卷)。《史汉方驾·凡例》引"许闻造曰:《文献通考》云《班马异同》三十五卷,撰自倪思,夫班仍马旧中多删改,务趋简严而删,或遗其事实,或失其本意,著异同而辨优劣,思之用心盖其勤

---

[1] 张大可、俞樟华、梁建邦:《史记论著提要与论文索引》,载张大可、丁德科主编:《史记论著集成》第二十卷,商务印书馆2015年版,第4页。

哉，乃思以标识巨细分别同异，家大人以为不便疾读，据为此书，义取并驾，旨若列眉斯。《史》《汉》同者从中大书，《史》《汉》异者分左右行书，左史右汉，粹语……，精意……"，说明许相卿不仅采用"《史》《汉》同者"大字，"《史》《汉》异者"小字的方式，而且将"《史》《汉》异者"以"左史右汉"的形式予以彰显，比《班马异同》更便于阅读，同时标出了《史记》中的粹语、精意，突出了司马迁在遣词用句上的精辟之处。可见，《史汉方驾》比《班马异同》在内容上更加充实完整，在表现形式上更加科学。

至清代，由于文字狱的不断兴起，迫使学者埋头考证古籍，在《史记》考据方面取得了重要成就。乾嘉考据学派主要运用校勘、训诂、注释、辨伪等方法和手段，从字句、地名、人名、年月、作者生平、史实、史料、疑案等方面对《史记》做全面系统的整理研究。梁玉绳《史记志疑》、钱大昕《史记考异》、王念孙《读书杂志·史记杂志》等著作，将古代《史记》考据推向顶峰。"清人对《史记》考证用力之勤、贡献之大，任何一个时期无可比拟。"① 其成就主要表现在：

其一，对包括《史记》在内的正史进行总体性的考证。这方面的著作主要有钱大昕《廿二史考异》、赵翼《廿二史札记》、王鸣盛《十七史商榷》、洪颐煊《诸史考异》、李贻德《十七史考异》、杭世骏《诸史然疑》、王念孙《读书杂志·史记杂志》、洪亮吉《四史发伏》等。钱大昕《廿二史考异》在诠释文义，厘正史实方面，成果显著。《廿二史考异·史记考异》"依本纪、表、书、世家、列传，别为五卷，各卷依百三十篇目次设条辨析，举凡舆地之今昔异名，职官之沿革迭代，年月之不伦失实，记载之传闻异词，均据己意判明是非。如文字的衍、讹、脱、增、误、异、通、改、混、补；地理的分划归属、名称变改，常以《史》《汉》对勘，检校《索隐》《正义》及颜师古注释之得失，参以《说文》《水经注》等书，详加稽考，是

---

① 张大可、凌朝栋：《史记学概要》，载张大可、丁德科主编：《史记论著集成》第三卷，商务印书馆2015年版，第357页。

正舛误,其心思缜密,用力勤至,立论确然可信"[1]。王鸣盛《十七史商榷》(一百卷)从文史方面对《史记》到《五代史》共十七史进行了全面的考校。诸如考订文字,考订史实,详细说明舆地、职官、典章制度,剖析异同等。在考辨的同时,王鸣盛对《史记》发表了有见地的评论,他高度称赞司马迁:"创立本纪、表、书、世家、列传体例,后之作史者,递相祖述,莫能出其范围。"

其二,对《史记》进行专门的注释及考证。这方面的著作主要有梁玉绳《史记志疑》、崔适《史记探源》、钱坫《史记补注》、张文虎《校刊史记集解索隐正义札记》等。《史记志疑》(三十六卷)是梁玉绳数十年潜心研究的结晶,其特点是按照《史记》的顺序,逐条加以考辨,在文字校勘、史实考证、志疑释疑、驳斥谬解等方面成果突出。近代著名文学家林纾指出:"余谓先辈治《史记》者,厥有二派,甲派如钱竹汀之

---

[1] 董焱:《清代学者对〈史记〉的考证性研究》,《社科纵横》2010年第2期。

《考异》,梁玉绳之《志疑》,王怀祖之《杂志》,均精核多所发明,而梁氏成书至三十六卷,论黄帝一事几千言,其下历举异同,良足以刊《史记》之误。"① 道出了《史记志疑》的价值意义。张文虎《校刊史记集解索隐正义札记》,依本纪、表、书、世家、列传别为五卷。各卷摘取所校原文,其下即说明用以互校的各本异文及去取理由,眉目清楚,表述简明。② 此外,还有对《史记》单篇进行考证的著作,如汪越《读史记十表》等。

---

① 杨燕起、陈可青、赖长扬:《史记集评》,载张大可、丁德科主编:《史记论著集成》第六卷,商务印书馆2015年版,第245页。
② 参见董焱:《清代学者对〈史记〉的考证性研究》,《社科纵横》2010年第2期。

二、近代学者对《史记》文本的考证与研究

由于《史记》史料的丰富多样性，20世纪以来，对《史记》史料考证、文字校勘、疑案探究等仍然是学界研究的重要内容。如王国维《太史公行年考》对司马迁生卒年进行考证，余嘉锡《太史公书亡篇考》对《史记》亡缺问题进行考释，崔适《史记探源》对《史记》伪窜、误衍、误倒等进行辨证，朱东润《史记考索》对《史记》断限、伪窜等问题进行考究辨析，都深化了传统的研究内容。

注意把出土文物与书面文献结合起来考证《史记》，这是近代《史记》文本研究的特点，也是20世纪上半叶《史记》研究的新亮点。王国维首次利用考

古学的新发现，用甲骨文、金文证明《史记》记载的三代历史为可信。陈直《史记新证》多取材考古发现："余之为新证，是在《会注考证》及《考证校补》之外，加以解释，其材料多取材于考古各方面。"① 其借助考古发现，对《史记》材料的考证解释，成果丰硕。时至今天，把出土文物与书面文献结合起来考证《史记》，仍然是学者精确研析《史记》的不可或缺的路径方法。著名学者徐日辉《史记八书与中国文化研究》一书，着力引证考古新材料，全面探索《史记》八书的构成及其价值，颇有新义。

借鉴和运用西方理论研究《史记》，是20世纪上半叶《史记》文本研究的又一亮点。20世纪初，随着近代西方学术思想传入中国，梁启超在史学界掀起"史界革命"，倡导"新史学"思想。在这一大背景下，《史记》文本研究出现了新的气象。梁启超运用西方经济学理论研究《史记·货殖列传》，写下了著名

---

① 陈直：《史记新证》，天津人民出版社1979年版，第3页。

的《〈货殖列传〉今义》一文。梁启超认为司马迁的经济思想，"与西士所论，有若合符，苟昌明其义而申理其业，中国商务可以起衰。前哲精意，千年湮没，至可悼也"。在这里，梁启超用"前哲精意"由衷点赞司马迁及其思想的同时，感喟"西士"论点与之"合符""千年湮没至可悼"！梁启超把司马迁关于顺应经济自身规律、因势利导的经济观点，概括为经济放任思想，进而作为反对封建政府对工商业经济进行过多干预的思想武器，这与梁启超的思想倾向相关。在《货殖列传》中，司马迁主张发展工商业，"故善者因之，其次利道之，其次教诲之，其次整齐之，最下者与之争"。主张遵循经济发展自然规律，对老百姓的经济活动要"因之""利道之""教诲之"，批评"最下者与之争"的政策，体现了司马迁唯物崇实辩证的卓识。梁启超对《货殖列传》的评价，是为了借题发挥，借司马迁自由放任经济思想之名，行发展资本主义之实，从而为现实政治服务。在梁启超影响下，又有一些学者对《史记·货殖列传》展开了研究。胡适在《司马迁替商人辩护》中认为："在那干涉的调均论最流行的时代……司马迁在这里把农工商虞（虞是经营山泽之利的，盐铁属于此业）四个职业分的最清楚，'商而通之'一语更是明白指出商业的作用。"潘吟阁在《史记·货殖列传新铨》中，则更为进步，直接用近代资产阶级观点诠释《货殖列传》。这一系列新颖观点，理出了司马迁《史记》观点的时代价值。

三、现当代学者对《史记》文本的研究

新中国成立以后,《史记》研究发生了质的变化,开创了一个新的时代。1959年中华书局出版的点校本《史记》,是新中国成立以来较好的《史记》选注本,成为最通行的整理本。2005年赵生群团队对中华书局点校本《史记》进行修订,并于2013年由中华书局重新出版。新版点校本新增校勘记三千多条,并改动标点六千余处,成绩显著。20世纪80年代后,《史记》研究从微观文献史料研究向宏观整体研究转变,出现了前所未有的突破。许多作者把司马迁和《史记》放到中国思想文化史的大背景下,从史学、文学、哲学、经济学、政治学、民族学、地理学、民俗学、语言学、

美学、伦理学、天文学、医学、军事学、人才学、宗教学、音乐学、自然科学等方面，论述《史记》百科全书式的价值，这是新时期《史记》文本研究的第一个特色。白寿彝《〈史记〉新论》、郭双成《史记人物传记论稿》、可永雪《〈史记〉文学成就论稿》、韩兆琦《史记通论》、张大可《史记研究》、宋嗣廉《史记艺术美研究》、何世华《〈史记〉美学论》、赵生群《太史公书研究》、张新科《〈史记〉与中国文学》、徐兴海《司马迁的创造思维》、俞樟华《史记艺术论》、张强《司马迁与宗教神话》、池万兴《司马迁民族思想阐释》、韦苇《司马迁经济思想研究》、杨生枝《司马迁教育思想述略》、毛曦《司马迁与中国史学》、陈曦《史记与周汉文化探索》、王长顺《司马迁与先秦士人》、王晓红《史记纵论》等论著的出现，使《史记》研究领域不断扩展，研究问题不断深入。

在中外文化交流日益广泛的大背景下，专家学者用创新性研究方法挖掘、研究《史记》这座宝库，这是新时期《史记》文本研究的第二个特色。

学者们在新世纪于继承中求发展，创造性地将传统的考证方法与学术研究、大众化普及使命协调贯通，开辟了《史记》研究的全新途径。最具代表性的是韩兆琦《史记笺证》和张大可、丁德科《史记通解》。这些大作，将宏观研究与微观研究相结合，融《史记》学术研究与大众化使命于一体。

　　运用跨学科研究法、纵横比较法，大力拓宽《史记》研究范围，这是新时期司马迁与《史记》研究的又一特点。《史记》记载了社会生活的各个方面，涉及政治、经济、农业、法律、文化、文学、艺术、宗教、建筑、军事、民俗、地理、姓氏等各个领域，包罗万象，多彩纷呈。因此，运用跨学科研究法探讨《史记》百科全书式价值成为自古至今学界的永恒方向，这个方向随着时代的演变而进步。吴守贤《史记与中国天学》、叶舒宪《〈史记〉的文化发掘》、陈桐生《中国史官文化与〈史记〉》、惠富平《史记与中国农业》、霍有光《司马迁与地学文化》、吴宏岐《司马迁与中国地理》等著作，从不同侧面理解、挖掘司马迁《史记》

的科学思想、科学方法、科学精神等，概括其在科学史上的作用、价值，是史学、科学研究的佳作。在纵横比较研究方面，把《史记》放入世界文化发展的宏观背景下进行比较研究，主要成果有：王成军《中西古典史学的对话：司马迁与普鲁塔克传记史学观念之比较》和李少雍《司马迁与普鲁塔克》、刘清河《从〈旧约〉与〈史记〉的比较试探东方文学的一点规律》、夏祖恩《试比较司马迁与修昔底德的经济史观》等。有论著大胆借鉴和运用外国新方法探究《史记》，如齐效斌《〈史记〉文化符号学》、俞樟华《唐宋史记接受史》是运用符号学、接受美学研究《史记》的著作；徐兴海论文《〈史记〉所体现的系统观》，运用系统论从目的与结构、民族问题、时间层次等方面对《史记》进行分析研究；阳二荣论文《〈史记〉价值论论纲》，认为价值观在《史记》中有着完整的理论体系和卓越的艺术表现；胡家骥、段红伟论文《〈史记〉叙事能力较以往文本的新进展——基于结构主义叙事学的比较》，运用结构主义方法将《史记》和《左传》等叙述文本进行对比分析，探究《史记》叙述范式的特征及其价值。这一系列成果的发表，引起了学界的反响与思考。

对《史记》研究史的总结，是《史记》研究引人注目的第四个特色。张新科、俞樟华《史记研究史略》，杨海峥《汉唐史记研究论稿》，张大可《史记学概要》等研究专著脱颖而出。张新科《史记学概论》比较系统地阐释了"史记学"的学科特点与体系。张大可《二十世纪的〈史记〉研究与文献价值》、陈桐生《百年〈史记〉研究的回顾与前瞻》等论文，对20世纪《史记》研究进行总结；俞樟华、张新科《四十年来台湾的〈史记〉研究概述》[①]，则是对20世纪50年代至90年代台湾的《史记》研究进行总结；日本学者藤田胜久《近年来日本的〈史记〉研究》，对20世纪70年代以来日本的《史记》研究也做了总结介绍。

---

① 参见俞樟华、张新科：《四十年来台湾的〈史记〉研究概述》，《浙江师范大学学报》1989年第3期。

四、台湾及海外学者对《史记》文本的考证与研究

台湾的《史记》研究，是我国《史记》研究的组成部分。从20世纪50年代以来，台湾学者在《史记》文本研究方面取得了重要成绩。在考证方面做出突出成绩的是王叔岷，其《史记斠证》从字句整理、史实探源、陈言佐证、佚文辑录、旧注斠补五个方面，对《史记》一百三十篇逐篇斠证，旁征博引，详加考辨，具有很高的参考价值。施之勉《史记会注考证订补》、钱穆《史记地名考》、高葆光《史记终止时期及伪篇考》，都是难得的考证成果。在探讨司马迁学术思想方面，如赖明德《司马迁之学术思想》，作者立足司马迁

所处的西汉社会和学术发展的大背景，从才、学、识、德等方面高度评价司马迁的学术思想。黄俊郎《司马迁撰写史记的动机》、林宗霖《司马迁创作史记的历程及其评价》、阮芝生《司马迁的史学方法与历史思想》、施人豪《史记论赞研究》、林聪舜《史记人物世界》等著作，思路开阔，挖掘深入。徐复观《史汉比较研究之一例》、吴福助《史汉体例比较》等文，在《史记》和《汉书》、司马迁与班固比较中阐发述论，观点更显明晰。

《史记》不仅是中华文化的一座丰碑，而且早已超越了时空界限，成为整个人类文化宝库的瑰宝，因而具有世界意义。从1956年司马迁被列为世界文化名人以后，崇敬司马迁的人就更多，研究司马迁和《史记》的人也更多了。越来越多的外国学者和学术团体重视司马迁与《史记》研究，如日本、朝鲜、韩国、俄罗斯、法国、英国、德国、美国等，《史记》已经被译成俄文、英文、德文、法文等。尤其是韩国、朝鲜、日本，研究方式多元，研究程度深入，研究成果多样，惠及读者广泛。20世纪60年代至1994年，韩国出版韩文《史记》翻译本十余种；1971年至1994年，韩国发表研究《史记》的论文二十六篇，专著四部，硕士学位论文五篇[①]。关于《史记》传入日本的时间，据我国学者覃启勋《史记在日本》考证，"《史记》是在公元600年至604年之间由第一批遣隋使始传日本的"，"明清之际，是《史记》东传日本的黄金时代"。《史记》传入日本后，颇受重视，阅读《史记》、研究《史记》、传抄《史记》者不少。日本汉学家多数研习《史记》，在《史记》注释方面成果最显著的是学者泷川资言的《史记会注考证》。泷川资言综合历代《史记》研究成果，汇集日本及中国学者对《史记》的一百多种注释，对版本、史实、人物、文字、词语等进行了全面考证，对前人未解释或者解释不详的部分加以重新阐释，从而使《史记会注考证》成为《史记》研究史

[①] 参见张大可、凌朝栋：《史记学概要》，载张大可、丁德科主编：《史记论著集成》第三卷，商务印书馆2015年版，第367页。

上的经典性著作[①]。这是继三家注之后，对《史记》研究成果最重要的总结和梳理，是被学术界视为继《史记》三家注之后第二个里程碑式的注本。池田四郎次郎《史记研究书目解题稿本》、藤田胜久《史记战国史料研究》、佐藤武敏《司马迁研究》等，都是颇有特点和见地的著作。

---

① 参见王娅维、党怀兴：《泷川资言〈史记会注考证〉综论》，《兰州学刊》2012年第5期，第52页。

叁

评

"评",即对司马迁与《史记》的评论。古往今来的中外学者,在学习、研究《史记》文本的过程中,从史学、文学、哲学、科学等角度对《史记》的编纂体例、实录精神、人物、文章风格、知识智慧等方面阐发了众多富有真知灼见的评论。

一、对《史记》编纂体例的评价

《史记》首创五体纪传通史体例，本纪、世家、列传、书、表五体互相补充，组成完整、立体、宏阔有机的整体，比较全面地反映了社会人文的总体风貌。对于《史记》这种贯通古今的结构框架，古今学者各抒己见。唐代，《史记》被尊为正史，《史记》在史学史和文学史上的地位突起。唐代史学家、文学评论家刘知幾，是较早用史学理论评价《史记》体例的大学者。总的来说，刘知幾对《史记》纪传体通史持肯定态度。《史通·二体》云："既而丘明传《春秋》，子长著《史记》，载笔之体，于斯备矣。"他将《史记》与《春秋》相提并论，可谓是对《史记》的高度评价。

"《史记》者,纪以包举大端,传以委曲细事,表以谱列年爵,志以总括遗漏。逮于天文、地理、国典、朝章,显隐必该,洪纤靡失。此其所以为长也。"刘知幾由衷地肯定《史记》是一部内容丰富、思想深刻的著作。但刘知幾对《史记》所创立的通史体例也谈到批评意见:"寻《史记》疆域辽阔,年月遐长,而分以纪传,散以书表。每论家国一政,而胡、越相悬;君臣一时,而参、商是隔。此其为体之失也。"刘知幾认为,《史记》体例的缺点是记事分散、重复。刘知幾对司马迁的这一批评,引起千多年来人们对他的批评。古今中外学者的共识是:司马迁在撰写《史记》时,将十表与本纪、列传互为经纬,有机联系,"表"以时间为线索,直观、系统、简明地表述历史事件,众多的人、事都以"世""年",甚至"月"为线索而被清晰地简化、表现出来了;并且,成功运用"互见法",避免了记事割裂重复的问题。

南宋史学家郑樵,以开阔的史学视野评价《史记》:"上稽仲尼之意,会《诗》《书》《左传》《国语》

《世本》《战国策》《楚汉春秋》之言，通黄帝、尧、舜至于秦、汉之世，勒成一书。"郑樵的见解深刻，揭示出《史记》体例的价值在于沟通天人、贯通古今，体现出历史的内在联系与演变发展。"使百代而下，史官不能易其法，学者不能舍其书，六经之后，惟有此作。"①说明《史记》对史学的深远影响在于开创了纪传体。

清代学者对《史记》纪传通史体例的评价比较全面。赵翼《廿二史札记》云："司马迁参酌古今，发凡起例，创为全史。本纪以序帝王，世家以记侯国，十表以系时事，八书以详制度，列传以志人物。然后一代君臣政事贤否得失，总汇于一篇之中。自此例一定，历代作史者，遂不能出其范围，信史家之极则也。"高度肯定司马迁开创纪传体这一历史编纂方法的意义、价值，特别是称赞其为"史家之极则"，可谓精当之至！梁玉绳、钱谦益、王鸣盛、章学诚等均有由衷肯定的精彩论见。

---

① 郑樵：《通志》，中华书局1897年版，第1页。

略做回顾，可见《史记》纪传通史体例成为史书的主要体裁。从《史记》直到《清史稿》，一共25部纪传体正史，共4042卷，4500多万言，足见中华民族五千年文明史源远流长，从未间断。所以，中国近代思想家、政治家、史学家梁启超在《中国历史研究法》评价说："史界太祖，端推司马迁。""太史公诚史界之造物主也"，认为司马迁实为中国通史之创始者！现代历史学家翦伯赞先生认为："中国的历史学之成为一种独立的学问，是从西汉起，这种学问之开山祖师是大史学家司马迁。《史记》是中国历史学出发点上一座不朽的纪念碑。"高度评价司马迁是中国历史学的"开山祖师"。

二、对《史记》实录精神的评价

司马迁撰写《史记》，坚持"不虚美，不隐恶"的实录精神，被后世称为"良史"。历史上对《史记》实录精神的评价，经过了提出命题、阐释命题、论证命题、扩大命题的发展过程。早先提出《史记》实录命题的是东汉扬雄。其《法言·重黎篇》云："太史迁，曰实录。"但扬雄并未论及实录的内涵。班彪、班固父子，在充分肯定司马迁史才的基础上，对《史记》实录精神的内涵做了阐释。班彪评价《史记》"善述序事理，辩而不华，质而不野，文质相称，盖良史之才也"。班固继承发展了其父的观点，在《汉书·司马迁传》中云："自刘向、扬雄博极群书，皆称迁有良史之才,服其善序事理,辨而不华,质而不俚,其文直,其事核,不虚美,不隐恶,故谓之实录。"班固从"文直"(真实记载历史真相)、"事核"(史料真实可靠)、"不虚美,不隐恶"(尊重事实,实事求是)等方面对扬雄"实录"说进行了阐释,这是对实录精神内涵的概括。班固是汉代系统评论司马迁的第一人,其精彩见解,成为评价《史记》者公认的观点。

历代学者围绕"实录"观点进行了持续讨论,从而使《史记》实录精神不断得到充实和丰富。由于古今众多史学家的探索与实践,使实录精神成为中国史学的一个优良传统,也成为后代评价史书价值的重要标准之一。

魏晋至唐宋时期,学者对《史记》实录精神颇多精彩评述。葛洪《西京杂记》云:"司马迁发愤作《史记》百三十篇,先达称为良史之才。"裴松之《三国志》卷六注云:"史迁纪传,博有奇功于世,……迁为不隐孝武之失,直书其事耳,何谤之有乎?"裴松之在肯定《史记》"直书""实录"的同时,对《史记》

为"谤书"的观点进行了批驳。唐代古文大家皇甫湜《编年纪传体》评价《史记》云:"夫是非与圣人同,辨善恶,得天下之中,不虚美,不隐恶,则为纪为传为编年,是皆良史矣。"皇甫湜盛赞《史记》开创纪传通史体例,强调其实事求是精神。司马贞、张守节、曾巩等从不同角度一脉相承地对《史记》实录精神进行阐述评价。

明清学者则对实录精神更多推崇与审视,使关于司马迁《史记》实录命题的评价达到一个新高度。钱大昕《史记志疑序》云:"太史公修《史记》以继《春秋》,成一家之言。其述作依乎经,其议论兼乎子。班氏父子因其例而损益之,遂为史家之宗。"认为司马迁在史料运用上是依诸子经典而作,这实际上是从取材严谨审慎角度肯定《史记》的实录精神。冯班《钝吟杂录》云:"太史公叙事,事有抵牾者,皆两存。如《周本纪》依《古文尚书》,《齐太公世家》又载今文《泰誓》,所谓疑以传疑也。有大事,而记载不详难叙者,缺之,史阙文也。"通过阐发司马迁"疑者阙之"

的撰史方法，挖掘《史记》实录精神的新内涵。清吴敏树《史记别钞·平准书》云："《封禅》《平准》《河渠》三书，所叙皆孝武朝大条目事，与后人修史作志者不同。作志要考详先代典故，叙次令明晰而已。至史公所称，皆目睹事迹。"揭示了司马迁实地考察与实录精神的直接关系。近人顾颉刚《〈史记〉校点本序》则从史学角度对《史记》实录精神给予高度评价："窃谓《史记》一书，'厥协六经异传，整齐百家杂语'，实为吾国史事第一次有系统之整理，司马氏既自道之矣。后世史家或仰兹高荫，或化厥成规，支流纵极夥颐，导源则靡不在此。……独其创定义例，兼包巨细，会合天人，贯穿今古，奠史学万祀之基，炜然有其永存之辉光，自古迄今，未有能与之抗颜而行者也。"从体例之宏伟、取材之严谨、内容之广博、见识之超人、学术之卓越、影响之高远等方面整体评价《史记》的伟大成就。

新中国成立初期至今，学者们对《史记》实录精神评价更有高度、更加深刻。季镇淮《司马迁是怎样写历史人物传记的——从"实录"到典型化》认为,"实录"是司马迁写历史人物传记的一个根本精神。司马迁从根本的实录精神出发,对人物选择甄别、对史料存真取精、对人物生动描写,这是司马迁写作历史人物传记的一个创造性的、典型化的过程。① 韩兆琦《司马迁的崇实精神》、王克绍《司马迁传记文学的实录精神》、王绍东《司马迁的求实精神》等文,都对司马迁的实录精神进行了简约而系统论述。韩兆琦《司马迁的崇实精神》一文认为,司马迁的崇实精神,主要表现在三个方面:深入实地,认真进行调查考核;尊重事实,不因个人爱憎歪曲历史真相;坚持实理,勇敢无畏地秉笔直书。② 这些观点扩大了司马迁实录精神的内涵。

---

① 参见季镇淮:《司马迁是怎样写历史人物传记的——从"实录"到典型化》,《语文学习》1956年第8期。
② 参见韩兆琦:《司马迁的崇实精神》,《北京师范大学学报》1978年第4期。

三、对《史记》人物的评论

据韩兆琦《史记通论》统计,"一部《史记》,记录了四千多个人物,其中给人以深刻印象的有一百多人"。宋代,由于《史记》被大量刊刻印行,从名师鸿儒到文人墨客、再到普通读书人,传颂、品读和研究《史记》渐成风气。其标志是,出现了大量的人物专论文章及倪思《班马异同》等著作。人物专论文章如欧阳修《贾谊不至公卿论》《论屈宋》等,苏洵《高祖论》《项籍论》《管仲论》等,苏轼《秦始皇帝论》《汉高帝论》《周公论》《留侯论》《管仲论》《贾谊论》《晁错论》《孙武论》《孟轲论》《荀卿论》等,苏辙《尧舜论》《管仲论》《汉高帝论》《汉文帝论》《汉景帝论》《汉武帝论》等，王安石《读孟尝君传》《书刺客列传后》《子贡论》《伯夷论》《周公论》等，秦观《李陵论》《司马迁论》等，张耒《司马相如论》《子产论》《吴起论》《商君论》等，李纲《三帝论》《论管鲍之交》等，杨万里《文帝曷不用颇牧论》，陈亮《韩信论》《薛公论》，陈耆卿《韩信论》。众多的人物专论具有鲜明特点：所选取的评论对象，多为仁德贤能、宽厚爱民的明君，或为奋发有为、功勋卓越的大臣。这些恰恰是《史记》人物传记最宝贵的部分；从评论的目的来看，旨在探寻修齐之理；从评论者来看，符合文官政治特点，评论者多为政治家、文学家、哲学家、学者，大多为官吏。如王安石，既是政治家也是文学家；"三苏"是有名的文学家，苏轼、苏辙又是官吏。他们学识渊博，具有崇高的历史使命感和强烈的社会责任感。由于宋人崇尚"论"这种文体，所以评论《史记》人物时，评论者往往善于抓住《史记》记叙人物的一事或一言，纵横议论，深入分析，得出突破陈见的论断。通过品评人物，宋人真正要探究的是立国之本、治国方略和为人处世的道理。

在明代，由于印刷技术特别是套版印刷的兴起，史评、史钞兴盛，出现了专门评点《史记》的《史记评林》《史记辑评》《百大家评注史记》等著作。在文化领域，由于文学复古主义的出现，《史记》成为经典，掀起了效仿新趋势，评点《史记》之风蔚为大观。评点是《史记》文学经典化的特殊形态和重要途径之一。

明代评点《史记》，受宋人评论的影响明显，而视野更为宽广，文学性更强，着眼于人物特别处鉴赏体悟，多有政治评价。从选取的评论对象看，帝王将相、大小官僚，政治家、军事家、文学家、说客、策士、刺客、游侠等，都在评点之列。从评论的角度看，明人重视从文学角度评点《史记》章法、叙事、写人、语言、风格等诸多方面，如茅坤《史记钞》、凌稚隆《史记评林》、杨升庵《史记题评》、唐荆川《史记批选》等都是从文学角度评点《史记》的代表作。这种文学评点的风气一直影响到清代。从评论形式看，由于大部分著作都是评点形式，人物评点夹在作品中，常采用画龙点睛法对人物进行概括评价，点出人物特别处，语言简练，通俗晓畅，与宋人的纵横议论不同。从评论目的看，点评者或者抒发在欣赏《史记》过程中的感悟与体验，或者帮助读者提高欣赏艺术的品味，鉴赏体悟艺术，与现实政治的联系愈来愈远。

我们仅以宋、明学者对韩信的评论为例，可见一斑。韩信是汉高祖刘邦的谋臣，汉朝的开国元勋之一，杰出的军事谋略家。司马迁满怀赞美之情，作《淮阴侯列传》记载其传奇一生。宋代张耒、陈襄、杨时、陈耆卿、陈亮等均对韩信做了精彩评论。陈亮《韩信论》开篇云："英雄之士，常以多算胜少算，而未尝幸人之无算也。敌人无算，凡天下之有算者类能胜之，岂惟英雄哉！故夫以英雄之才而临无算之敌，俛首而取之，曾不足以关其思虑，而奇谋至计无所自发，此非英雄之所幸为也。至若敌人去己不远，筹算时出，其势足以迫我。吾居其间，随机而应之，窘之而愈知，费之而愈新，愈出愈奇，而沛然常若有余，天下始知英雄之为不可当矣。"① 文章开篇论述英雄的个体特质，气势恢宏，议论纵横；紧接着通过韩信下井陉取赵、与陈余相战之事等，表现韩信运筹制胜的军事才能，体现作者以审度时势、善料敌情、出奇制胜为兵道之要的独特见解，切实致用。茅坤《史记钞·淮阴侯列传》对韩信评点，是想阐发"兵仙"的看法，更多是鉴赏。"予览观古今兵家者流，当以韩信为最。破魏以木罂，破赵以立汉赤帜，破齐以囊沙，彼皆从天而下，而未尝与敌人血战者。予故曰：古今来，太史公，文仙也；李白，诗仙也；屈原，词赋仙也；刘阮，酒仙也；而韩信，兵仙也然哉！"茅评和陈论都高度赞扬了韩信的军事才能。所不同的是，陈论纵横捭阖、雄于论辩，而茅评注重从文学角度揭示韩信"兵仙"的形象，语言精炼传神；陈论重在通过对韩信的品评，表现自己出奇制胜的兵道观点，而茅评重在阐发自己在欣赏文本过程中的发现与感慨，特别是将韩信与屈原、司马迁、刘伶、阮籍、李白相提并论，赞扬韩信

---

① 陈亮：《陈亮集》，中华书局1974年版，第61页。

为"兵仙",新颖而独特。

清代学者更加自觉地从文学角度品评人物,探究《史记》的写人艺术。如吴见思《史记论文》、李晚芳《读史管见》、郭嵩焘《史记札记》、章学诚《文史通义》都注重从人物形象塑造、取材等角度评论《史记》的写人艺术。如李晚芳《读史管见》云:"羽之神勇,千古无二;太史公以神勇之笔,写神勇之人,亦千古无二。迄今正襟读之,犹觉暗哑叱咤之雄,纵横驰骋于数页之间,驱数百万甲兵,如大风卷箨,奇观也。"从项羽的英雄气质、司马迁高超的文学创造力和艺术感染力,评价项羽拔山盖世的英雄气概。郭嵩焘《史记札记》则侧重从司马迁叙述方法上进行评论:"案项王自叙七十余战,史公所记独钜鹿、垓下两战为详。钜鹿之战全用烘托法,不一及战事,而于垓下显出项羽兵法及其斩将搴旗之功。项羽英雄,史公自是心折,亦由其好奇,于势穷力尽处自显神通。钜鹿、鸿门、垓下三段,自是史公《项羽纪》中聚精会神,极得意文字。"称赞司马迁既突出重点,又写尽人物神态的高超笔法。

四、对《史记》文章风格的评论

《史记》包罗万象，博大精深，文章风格多姿多彩。从汉魏到明清，越来越多的学者发现、挖掘、研究《史记》文学价值，再到将《史记》视为文学著作，经历了一个漫长的渐进发展阶段。扬雄《法言·君子篇》云："文丽用寡，长卿也；多爱不忍，子长也。仲尼多爱，爱义也；子长多爱，爱奇也。"从文章角度，对司马迁与司马相如的文章做了评点。班固、陶潜等人，也对《史记》文采有只言片语的评论。唐代，由于古文运动的兴起，《史记》受到文人的崇敬，学者才真正关注《史记》的文学之美。这是《史记》研究的重大变化。宋人把司马迁的经历与《史记》文章风格联系在一起进行评论，这是宋人评论中的新特点。明清最突出、最鲜明的特点是对《史记》文学性的高度重视和充分阐发。后来学者多角度、多层次地挖掘，使《史记》艺术风格的理论研究达到了一个新水平。

唐代研究《史记》成就最大者当推散文大家韩愈、柳宗元。韩愈十分推崇司马迁的文学才华，在《答刘正夫书》中云："汉朝人莫不能文，独司马相如、太史公、刘向、扬雄之为最。"清人刘熙载说："昌黎谓柳州文雄深雅健，似司马子长。观此评，非独可知柳州，并可知昌黎所得于子长处。""太史公文，韩得其雄。"从中看出，韩愈认为司马迁作品的风格是"雄深雅健"。"雄深雅健"，是指司马迁笔力劲健，感情充沛，发之为文，使他的作品的文势或大起大落，跌宕有致，或如江河浪涛，滚滚而来，汹涌不绝，给人以雄放流荡的感觉。柳宗元《报袁君秀才书》云："太史公甚峻洁，可以出入。"他认为《史记》的文章风格是"峻洁"。柳宗元所说的"峻洁"，主要体现在《史记》语言的凝练、精悍、收放自如上。韩、柳的评论，见解极富开创性和启迪性。这一时期对《史记》艺术风格的评论，大部分散见于各种序跋、笔记、史论以及书信中。

宋代苏辙、马存注意探讨司马迁壮游天下的经历对其文章风格形成的重要影响，这是创造性的突破。苏辙《上枢密韩太尉书》云："太史公行天下，周览四海名山大川，与燕赵间豪俊交游，故其文疏荡，颇有奇气。"他概括司马迁文章风格为"疏荡""奇气"。苏辙认为，司马迁的尚奇精神与壮游经历，使《史记》文章气势充沛，奔腾浩漫，雄勇猛健。马存《赠盖邦式序》云："子长平生喜游，方少年自负之时，足迹不肯一日休，非直为景物役也，将以尽天下大观，以助吾气，然后吐而为书。今于其书观之，则其平生所尝游者皆在焉。"这种把司马迁壮游与文章风格连在一起进行评论，视野开阔，见解精辟。

《史记》作为文章写作的典范，其文学价值是在明代古文辞派的倡导中被发现的。明清时期的学者，高度重视《史记》的文学性，从不同的角度充分阐发《史记》的文章风格。方孝孺《与舒君书》云："《史记》之文，如决江河而注之海，不劳余力，顺流直趋，终焉万里。势之所触，裂山转石，襄陵荡壑，鼓之如雷霆，蒸之如烟云，澄之如太空，攒之如绮縠，回旋曲折，抑扬喷伏，而不见艰难辛苦之态，必至于极而后止。"道出了《史记》大气磅礴的气势，雄健刚强的艺术风格，使韩愈"雄深雅健"说有了更为具体的阐释。茅坤认为《史记》具有"风神"之美，呈现出"遒逸疏宕"的文章风格。在《刻〈汉书评林〉序》中，茅坤认为"《史记》以风神胜，而《汉书》以矩矱胜"。"惟其以风神胜，故其遒逸疏宕如餐霞，如啮雪，往往自眉睫之所及，而指次心思之所不及，令人读之，解颐不已。"茅坤所谓"遒逸"，指《史记》的文章内容、语言雄健飘逸；"疏宕"指《史记》文气流畅奔放，疏荡多变，忽起忽落，错落有致。茅坤用"逸"来概括《史记》文章的浪漫特色，具有独到性。清人刘熙载《艺概·文概》对《史记》"逸"的风格做了形象的诠释："文如云龙、雾豹，出没隐现，变化无方，此庄、骚、太史所同。"突显了《史记》文章风格的飘逸之美。日本学者冈本监辅的评论，令人耳目一新。冈本监辅在《补标史记评林序》中说："《史记》上补《六经》之遗，下开百史之法，具体莫不兼该，其文章变幻飘逸，独步千古。"①

明代唐宋派代表人物归有光、唐顺之、王慎中等，清代桐城派方苞、刘大櫆、姚鼐、曾国藩等，都论及《史记》文章。李长之《司马迁之人格与风格》在对前人研究总结的基础上，又有新的阐发。他将《史记》文章风格大致归为雄健质苍、雅洁轻灵、逸三种，实际上是对韩愈、柳宗元、茅坤等观点的传承概括与阐释创新，突显了《史记》文章风格的多样性和深刻性。

此外，由班固提出的"史公三失"命题，历朝历代学者相继发表见解，继承中创新，创新中丰富，丰富中升华。班固在《汉书·司马迁传》中指出，司马迁"是非颇谬于圣人，论大道则先黄老而后六经，序游侠则退处士而进奸雄，述货殖则崇势利而羞贫贱"，

---

① 张大可、凌朝栋：《史记学概要》，载张大可、丁德科主编：《史记论著集成》第三卷，商务印书馆2015年版，第368页。

即后人所说的"史公三失"。从此,"史公三失"成为贯穿《史记》研究史的一个命题。宋代学者秦观、沈括、唐庚、晁公武等,不赞同班固的这一批评,竭力为司马迁申辩。明清学者多辩驳班固"史公三失"的说法。20世纪90年代至今,学者或从司马迁作史的真实意图出发,研究探索这个问题;或从二人所处时代的政治、思想背景出发,探讨"史公三失"提出的原因和意义。由东汉王充开启的"班马异同"说,成为史记学发展过程中的一个重要课题,引起众多研究者的关注和议论。王充《论衡·超奇篇》云:班氏父子"记事详悉,义浃理备,观读之者以为甲,而太史公乙"。认为就记事详略而言,《汉书》优于《史记》。晋人张辅的《班马优劣论》,是较早论述"班马异同"的著作,以后,"班马异同"逐渐成为《史记》研究的一个课题。宋代出现了倪思《班马异同》著作;明代许相卿在《班马异同》基础上,撰著《史汉方驾》,对《史记》《汉书》进行文字比较研究。清人在总结前人评价基础上,发表了一些新的见解,总体上认为《史记》要优于《汉书》。今人对"班马异同"的研究取得重大进展。由扬雄、应劭、刘勰等人主张的"爱奇"说，也引起后世学者极大的兴趣。扬雄《法言·君子篇》云："多爱不忍，子长也。仲尼多爱，爱义也；子长多爱，'爱奇'也。"在扬雄提出司马迁"爱奇"说之后，历代学者都有提到司马迁"爱奇"的倾向，但并没有对"爱奇"进行深入细致的论述。到了近现代，学者更关注研究"奇"的内涵，认为司马迁"爱奇"就是爱"奇人"，即对有特异性的历史人物的推崇与偏爱。当代学者对司马迁的"爱奇"做了多角度、多层次的探讨与研究。

肆／著

"著",即对司马迁与《史记》研究的论著。《史记》论著包括评点类、注释考证校勘类、白话翻译类、专题研究类、文献资料类等。据初步统计,从《史记》问世至1979年,研究《史记》的论著一百六十二余部[1];从1980年到2008年论著一百五十余部[2],且不包括港台和海外研究论著;从2009年到2013年的研究论著六百四十六余部[3]。纵观这些论著,呈现出普及性、工具性、综合性、理论性等特征,而普及性特征更为明显。

---

[1] 张大可:《二十世纪的〈史记〉研究与文献价值》,《渭南师专学报》1997年第3期。
[2] 张大可、丁德科:《史记通解》,商务印书馆2015年版,第45页。
[3] 参见丁德科、凌朝栋主编:《司马迁与〈史记〉研究年鉴》(2009年卷、2010年卷、2011年卷、2012年卷),商务印书馆。

一、普及性

愈益明显的《史记》论著的普及性，主要体现在许多专家学者致力于《史记》大众传播工作，出现了众多简约而通俗的作品，涉及白话翻译类、鉴赏类、人物故事类、译文类、辞典等。

古今中外学者共同的理念是：《史记》是全人类的文化遗产，让人们学习了解《史记》，感受领悟《史记》，广泛深入研究《史记》，传承弘扬司马迁精神，以至中华人文精神，延续民族血脉，是两千多年来《史记》研究者的重要使命。因此致力于《史记》大众化普及的著作不断涌现。白话《史记》版本较多，台湾十四院校六十教授合译《白话史记》，是近年来较为权威的《史记》白话译本,作者皆为台湾《史记》研究的资深专家,译文忠实于原文,语言流畅典雅。其出版前言云:"我们关切的不仅是中国先贤襟怀与智慧的传扬,尤其急迫关切的是如何让五千年文化的根深植于这一代中国人的心中,进而确定自己是中国人。所以我们急需架构文化接触的桥梁,将本根深厚的文明果实,提炼成能在短时间吸收的果汁。"鉴赏类作品有韩兆琦《史记评议赏析》,朱靖华、顾建华《史记名篇赏析》,梁杨、杨东甫《史记传记赏析》。其中,朱靖华、顾建华《史记名篇赏析》精选了《史记》中历来为人们称道的20篇人物传记,诸如《项羽本纪》《高祖本纪》《陈涉世家》《平原君列传》《魏公子列传》《乐毅列传》《廉颇蔺相如列传》《屈原贾谊列传》《刺客列传》《淮阴侯列传》《李将军列传》《游侠列传》等名篇,对难字、难词、典故做了注释,并就作品的立意取材、形象塑造、描写手法、语言运用等方面进行了透辟而有新意的鉴赏和分析[1],适合大中学校师生、

---

[1] 朱靖华、顾建华:《史记名篇赏析》,北京十月文艺出版社1990年版,第16页。

文学和史学爱好者阅读。

《史记》是中国学人的根柢书，有取之不尽的思想源泉。特别是《史记》中所体现的人文精神，对于当代人文精神的形成具有一定的积极意义，所以《史记》不仅是中学生学习古文的典范，更是帮助学生培养健全人格精神的宝库。据笔者统计，从1950—2011年，在各类普及性《史记》书籍中，故事类最多，达六十多部。如阳湖《司马迁的故事》（1955年版），瞿蜕园《史记故事选》（1956年版），杨知秋《史记故事新编》（1980年版），还有张玉春《史记人物新传》、仓阳卿《史记人物故事》、王家毅《〈史记〉故事》、张登第《史记人物故事》、尹黎云《〈史记〉故事全集》、纪江红《〈史记〉故事中的大启发》（彩色图文版）、任浩之《史记故事全知道》、李琳《史记故事》（少儿版注音美绘本）、马晓萍《史记故事》（国学小子丛书）、莫慧娟《史记故事》（二十一世纪少年文学必读经典）、王家毅《史记故事：缩写本》、青木《史记故事大全集》等。其中张登第主编的《史记人物故事》颇具特色，参加本书编著的，大多是高校文科教师和文史工作者，许多人对《史记》有一定的研究。其出版前言云：人物纪传是《史记》灵魂，司马迁通过人物描写表现自己的历史观、人生观。《史记》一百三十篇，写人物的传记有一百一十二篇，占到百分之八十以上。《史记》中提到姓名的人物共四千多人，我们现只将《史记》纪传中影响重大、对经济文化建设事业有突出贡献的七十六个著名人物的故事，改编成六十七篇，以使青少年读者了解《史记》这部巨著的主要思想，增加历史知识，增长聪明才干，提高写作能力，陶冶高尚情操[1]。严硕勤《史记少年读本》是"中国古典文学少年启蒙丛书"的一本。其最大特点是通过注释、今译、赏析和插图，让青少年直接接触《史记》的精华，使他们从少年时代起就对我们优秀的传统文化有清晰的了解和深切的印象。全书节选《史记》十一篇原文共二十二个片段，各自成为一个完整的小故事。每篇后

---

[1] 参见张登第等：《史记人物故事·序言》，未来出版社1998年版，第5页。

面有"讲一讲""译过来",同时还配有精美的插图①,文图并茂,赏心悦目。

有关《史记》人物事迹的连环画,是向少年儿童普及《史记》的重要途径之一。《〈史记〉故事精选》《史记千秋》《韩信挂帅》《刘邦消灭项羽的故事》《赵氏孤儿》等,以《史记》人物故事为主题,通过图文并茂的形式,引人入胜的故事情节,让孩子们从小领略《史记》的风貌,感受《史记》中人物的魅力。这些故事类书籍,角度不同,各具特色,皆于《史记》普及中启迪智慧,深受广大读者的欢迎。

在译文类《史记》普及读物中,张大可、丁德科编著,雷来富等译的《史记观止》(英文),旨在给爱好中国文化的外国读者提供一个了解、学习《史记》的窗口,使越来越多的中外读者喜欢阅读《史记》,热爱研究《史记》。全书精选《史记》中 122 个精彩篇段,注译结合,生动再现《史记》典型人物及故事情

---

① 参见严硕勤:《史记少年读本》,陕西人民教育出版社 1991 年版,第 3—4 页。

节。全书共分为八类：一是帝王风范，二是辅佐功过，三是英雄气概，四是卓越举措，五是角逐经典，六是私情国故，七是红颜两果，八是贻笑千古[1]。每篇由标题、题解、原文、注释几个部分组成，篇幅短小，行文流畅，雅俗共赏，便于读者用零碎时间鉴赏。所选人物，上至帝王，下到普通民众，简约、立体掠影上古社会三千年历史各色人等的百态人生。英译的专家学者们秉承"信、达、雅"原则，以科学严谨的态度对待翻译，既忠实于原著，又对读者负责，努力使译文具有原文的魅力和同等价值。

---

[1] 参见张大可、丁德科编著，雷来富等译：《史记观止·序言》（英译版），武汉大学出版社2016年版，第1页。

二、工具性

对《史记》研究的各种资料加以整理汇总，并编制成索引等工具性论著，这是《史记》研究史上的一个重要工作，也是当今《史记》研究论著的第二个特征。随着《史记》研究的兴盛，专门提供治学门径、系统汇集《史记》研究方面资料的工具书相继问世。杨燕起、俞樟华《史记研究资料索引和论文专著提要》，徐兴海《司马迁与史记研究论著专题索引》，俞樟华、邓瑞全《史记论著提要与论文索引》，张大可、俞樟华、梁建邦《史记论著提要与论文索引》等，比较系统精要，是学习和研究《史记》文本的参考。日本藤田胜久《史记汉书研究文献目录》（日本篇），介绍了日本1950年以来的《史记》研究文献目录共五百五十条，据此可了解日本当代《史记》研究动态。

一部《史记》，洋洋五十多万言，记载了众多的历史事实、历史人物、地名、官职等，读者翻检不太容易。仓修良主编的《史记辞典》是《史记》研究的综合性辞典。收录《史记》人名、地名、民族、职官、著作、天文、历算、音乐、动植物名，以及器物典制、历史事件等共计一万六千八百余条。对此，曹书杰先生高度评价道："规模浩伟，气魄宏达。"[①] 渭南师范学院中国司马迁与史记研究院学者前后历时二十年时间两度合力编撰出版《〈史记〉人物大辞典》，收集《史记》人名共六千八百二十一条目，简约列举人物的姓名、字号、籍贯、生平事迹、庙号、谥号、太史公对其评价及出处等，并附主要人物家族世系表（仅限三代以上）。辞典中的人物以中华书局标点本《史记》为

---

① 曹书杰：《先师筚路著史于前，今贤条释编辑于后——评〈史记辞典〉〈三国志辞典〉，兼谈〈二十五史专书辞典丛书〉的编辑出版》，《古籍整理研究学刊》1993年第2期。

准[1]。力求实现人物全、资料细、文字简的编写原则,是比较详备简约的《史记》人物辞典,称得上是司马迁与《史记》学习研究者重要的参考书。辞典类著作的全面、简约特点,使得读者学习、研究《史记》更为便利。

---

[1] 参见段国超、丁德科主编:《〈史记〉人物大辞典·凡例》,商务印书馆2017年版。

三、综合性

《史记》研究论著的综合性是当今《史记》研究论著第三个特征,主要体现在众多《史记》研究论著,不仅在思想内容上融汇丰富,而且在各种方法手段上借鉴创新。韩兆琦《史记笺证》(九册),达五百五十万字,识见精到,眼界开阔。其长处主要表现为:对当前通行本(包括中华书局出版的点校本)《史记》原文的文字讹误和标点失当做了校正;在有依据地尊重传统解释的基础上,充分吸收近百年来新的研究成果,对传统解释中的不当之处做出辨证,对过去解释模糊不清之处提出了有见地的新说;大量引证考古新材料为《史记》做注释,以考订、验证《史记》

原文所叙述的史实；收集、引证古今人物对《史记》和《史记》中人、事的评论，使注释更坚实、更鲜活[1]。张大可、丁德科《史记通解》（九册），四百余万字，汲取《史记》著者、译者、评者的优长，尝试对《史记》原文做出全面、细致、有新意的注解、释译与评介，学术研究与大众化普及相结合，集注释、评论、译白于一体。其"通解"体例的构思，在学术界独树一帜。"通解"以简约为特色，注疏以义理为重点，指导读者从宏观上把握《史记》文义，体察言外之意；将宏观研究融入注释中，侧重探索司马迁的思想，揭示出篇中的精义；注文吸收古今人研究成果，用考论结合的方法融会贯通，富有时代神韵[2]。全书力求简约明晰，考论相辅，探求古今，使读者在阅读中与古人对话，感悟时代意义。

特别是2015年渭南师范学院中国司马迁与史记研究院在中国史记研究会指导下，由张大可、丁德科

---

[1] 参见韩兆琦：《史记笺证·序》，江西人民出版社2004年版，第1—2页。
[2] 参见张大可、丁德科：《史记通解·例言》，商务印书馆2015年版，第3—4页。

主编，三十位专家学者合作，编纂出版《史记论著集成》，共二十卷，一千二百余万字，包括《司马迁评传》《史记题评与咏史记人物诗》《史记学概要》《史记论赞与世情研究》《史记精言妙语》《史记集评》《史记人物与事件》《史记史学研究》《史记文学研究》《司马迁思想研究》《史记文献与编纂学研究》《史记版本及三家注研究》《史记研究史及史记研究家》《史记疑案研究》《历代史记论文粹编》《从〈老子〉到〈史记〉一统思想论稿》《司马迁与〈史记〉研究名栏论文粹编》《史记地名汇释表》《史记论著提要与论文索引》。本丛书是集史料性、工具性为一体的专门学术论著集成，努力荟萃新中国成立以来司马迁与《史记》研究成果，可谓"融古今研究成果于一编，聚当今时贤于一堂"。其内容囊括了《史记》研究的各领域，分门别类编纂，是对汉代以来《史记》相关研究成果比较详尽精要的梳理，体现了中国史记学人的努力，更是对《史记》作为百科全书宝典生命力的集中体现。

四、理论性

注重理论研究是《史记》研究论著的第四个特征。清代学者吴德旋《初月楼古文绪论》云:"《史记》如海,无所不包,亦无所不有。古文大家,未有不得力于此书者。"道出了《史记》百科全书的特征。专家学者从不同角度研究《史记》,《史记》的百科全书价值愈益显现,推动了《史记》研究广泛而深入的发展。李长之《司马迁之人格与风格》是我国第一部全面介绍和评价司马迁及《史记》的专著。作者从哲学、史学、美学、文学的角度全面分析、论证了司马迁及《史记》的思想和艺术,充满了闪光的语言、翔实的引证、深刻的论述和精辟的论断,尤其是许多富于开创性的见解，给人以深刻启发。张强《司马迁学术思想探源》主要在汉初世风与司马迁的天人思想、司马迁与史官文化及历史研究、司马迁与西汉政治、司马迁与阴阳五行及改制、司马迁与经学、司马迁的帝王史观与帝王批判等六个方面，从理论的层面研究司马迁学术思想的构成和渊源，梳理了司马迁与先秦学术思想的传承关系，凸显了《史记》的文化使命以及它在中国学术史上的地位。[①]张新科、俞樟华合著的《〈史记〉研究史略》分别从《史记》在汉魏六朝时的传播和初步研究、唐代奠定了《史记》在史学史和文学史上的地位、宋代开《史记》评论的风气、明人评点《史记》的杰出成就、清代《史记》研究在深入发展、清末至新中国成立前的《史记》研究新收获、新中国成立以来《史记》研究的全面丰收、四十年来台湾《史记》研究概述、国外《史记》研究概述、开创《史记》研究的新局面等方面，论述了从古到今有关司

---

① 参见张强：《司马迁学术思想探源》，人民出版社2004年版。

马迁和《史记》研究的发展史①,在《史记》研究史方面独树一帜。徐日辉《〈史记〉八书与中国文化研究》详尽论述了《史记》八书的题名、序列、旨意、重构与扩展,分析了八书产生的历史条件,探讨了八书对中国文化的直接影响②,角度新颖,见解独特。陈桐生的《〈史记〉与今古文经学》对《史记》与今、古文经学的关系做了全面、细致的探讨,廓清了《史记》经学渊源的诸多问题,填补了《史记》研究中的一大空白。池万兴《〈史记〉与民族精神》溯源探流,纵横开拓,从哲学与民族学的角度对司马迁的民族思想与《史记》所体现的民族精神做了系统、深入的研究,填补了我国史学界在《史记》研究领域中的空白,开拓了《史记》研究的新领域。张新科《史记学概论》以"史记学"为主要研究和认识对象,对"史记学"的产生发展、性质特点、社会功能、基础理论、基本方法

---

① 参见张新科、俞樟华合著:《〈史记〉研究史略》,三秦出版社1990年版。
② 参见徐日辉:《〈史记〉八书与中国文化研究》,陕西人民教育出版社2000年版。

和发展规律等进行了概括的论述①，从而对史记学进行了初步探讨和理论概述，在史记学理论的建立和完善上做了开创性的工作。

在两千多年的史记学发展的历史长河中，关于司马迁行年、司马谈作史、太史公释名、《史记》断限、《史记》残缺与补窜等问题，成为长期以来争鸣未竟、悬而未决的疑案。20世纪80年代以来，许多学者致力于《史记》疑案研究，出版了许多颇具价值的专题论著，尤其是关于司马迁行年问题的研究，取得重大的突破。司马迁因为《史记》而蜚声海内外，但其生卒年却像谜一样让古今专家学者萦绕于心。第一个对司马迁行年做系统研究的是王国维。其《太史公行年考》认为，司马迁生年为汉景帝中元五年（前145），认为司马迁卒年绝不可考。"一石激起千层浪"，王国维对司马迁生年的考订，在学界引起了广泛影响，学者或信服，或反对，各抒己见，畅所欲言，许多有价值

---

① 参见张新科：《史记学概论》，商务印书馆2003年版。

的论文相继发表。郭沫若《〈太史公行年考〉有问题》认为司马迁生年为汉武帝建元六年（前135），李长之《司马迁生年为建元六年辨》赞同郭沫若说法；钱穆《司马迁生年考》则赞同王国维观点。从此，两种观点并行，并展开了轰轰烈烈的讨论。袁传璋《司马迁生于武帝建元六年新证》、吴汝煜《论司马迁生年及与此有关的几个问题》、张大可《司马迁生卒年考辨》、李伯勋《司马迁生卒考辨》、郑鹤声《司马迁生年问题的商榷》等文章，对此问题做了深入研究。施丁《司马迁行年新考》是探讨司马迁生年的专著，作者从十个方面探究了司马迁生平行事，用诸多确凿的实证和严密而独到的推测，支持王国维观点。袁传璋《太史公生平著作考论》，论证郭沫若说法的正确性。张大可《史记研究·司马迁生卒年考辨》《司马迁评传》，赵生群《〈史记〉文献学丛稿》等论著，见解具有说服力。专家学者见智见仁，使《史记》疑案研究渐趋清楚。

众多多样化的论著，充分展示了《史记》研究与普及相伴而来的历史脉络，说明在学术研究队伍不断发展的同时，学习《史记》的人群在日益扩大，深入人心是研究与普及的基本特征。

伍 歌

"歌",即传诵司马迁与《史记》的诗歌。传诵司马迁与《史记》的诗歌,是两千多年以来研究司马迁与《史记》的重要成果。这些诗歌既是对司马迁与《史记》的接受、传咏和颂扬,也是对司马迁与《史记》的大众化形式的创新、丰富和延续,更是用诗歌形式评论司马迁与《史记》的特殊形式。诗歌里的司马迁与《史记》,更为形象、生动,富有感染力,是史圣及其经典广为流传、深入人心的良好路径。

一、传诵司马迁与《史记》诗歌的价值

传诵司马迁与《史记》的诗歌，学界历来关注。司马迁的《史记》是史传文学的杰作，对古代诗歌发展也有很大的影响。《史记》在思想、题材、表现方法和技巧等方面对后代诗人产生了巨大而深刻的影响。"以《史记》人物为题材的诗歌，实际上是以诗歌形式评论《史记》的'诗评'，从这个意义上说，这些诗歌本身就是《史记》研究的一种成果形式，是《史记》研究的一部分。"[①] 以诗歌形式评论司马迁与《史记》的形式，得到研究者认可，对于丰富史记学研究具有积

[①] 宋嗣廉：《吟咏史记人物的诗歌也是史记研究的一种表现形式》，载张文立主编：《司马迁与史记论集》第4集，陕西人民出版社2000年版，第49页。

极意义。张大可、丁德科《史记通解》的集评部分，重视引用了这方面的成果。

传咏《史记》人物诗，大多是在记叙或议论《史记》佳篇人与事，表达作者对人物、事件的见解，属于对《史记》的论赞。如梅尧臣《项羽》云："羽以匹夫勇，起于陇亩中。遂将五诸侯，三年成霸功。天下欲灭秦，无不慕强雄。秦灭责以德，豁达归沛公。自矜奋私智，奔亡竟无终。"短短诗句，再现项羽崛起陇亩、建立功业直至自刎乌江的过程及灭亡的原因，一生重大节点可见人生轨迹，褒贬得当，是一篇简约的人物诗评。明清时期的《史记》评点与这种诗评有异曲同工之妙。清代评论家李晚芳《读史管见》云："羽纪字字是写霸王气概，电掣雷轰，万夫辟易，大者如会稽斩守、钜鹿破秦、鸿门会沛公、睢水围汉王三匝；小者如浙江观秦皇、广武叱楼烦、垓下叱赤泉侯、斩将刈旗，至死犹不失本色。"两两对比，就会发现，这一诗一文都是高度赞扬项羽的丰功伟业、勇武盖世的英雄气概。而梅尧臣的诗评还对项羽失败的原因做了探讨，道出了恃才傲物是导致项羽灭亡的关键，虽是诗评，但深刻性值得称赞。有些诗评对《史记·项羽本纪》论赞有新的升华。如唐于季子《咏项羽》"空歌拔山力，羞做渡江人"，唐胡曾《乌江》"乌江不是无船渡，耻向东吴再起兵"，宋李清照《绝句》"至今思项羽，不肯过江东"等，都是对项羽宁折不弯骨气的评赞。

历代咏司马迁与《史记》的诗歌很多。张天恩、冯光波《历代咏司马迁诗选》收录有一百多篇[1]，宋嗣廉、梁燕玲《史记题评与咏史记人物诗》收录有五百三十五篇[2]。纵观这些诗评可见，司马迁与《史记》诗评，经过了一个发端、发展、成熟、兴盛、深化阶段。班固首次将《史记·扁鹊仓公列传》中缇萦救父故事改编为《咏史诗》，这是以诗歌形式评论《史记》人物的发端。汉魏晋南北朝时期是发展期，出现了汉

---

[1] 参见张天恩、冯光波：《历代咏司马迁诗选》，三秦出版社1990年版，第2页。
[2] 参见韩兆琦、张大可、宋嗣廉、梁燕玲：《史记题评与咏史记人物诗》，载张大可、丁德科主编：《史记论著集成》第二卷，商务印书馆2015年版，第604页。

末阮瑀歌咏荆轲的《咏史二首》，曹植咏周公的《怨歌行》，晋陶渊明《咏荆轲》（五首）等诗歌；唐宋时期，随着《史记》文学地位的确立，诗歌形式进一步发展，司马迁与《史记》诗评进入成熟期。著名诗人陈子昂、李白、王维、杜甫、高适、白居易、柳宗元、李商隐、李贺、陆龟蒙、罗隐等，都留下了评价《史记》人物的优秀诗篇。宋代王禹偁《读汉文帝》，苏轼《屈原塔》，王安石《张良》《乌江亭》《范增》，司马光《屈原》，晁补之《读蔺相如传》，苏辙《虞姬墓》，张耒《项羽》《韩信》，杨万里《读子房传》等都是佳作。同时，这一时期出现了评价司马迁其人其事的诗篇。唐代诗人牟融的《司马迁》是评论司马迁的第一华章，其后，王安石、秦观、尹阳、李奎等也有诗歌传咏。明清时期，随着文人学士对《史记》的极力推崇，司马迁与《史记》诗评进入兴盛期。明代徐渭、袁宏道、李攀龙、方孝孺、陈子龙、建文帝，清代吴伟业、纳兰性德、陈恭尹、曹雪芹、袁枚、郑燮、秋瑾、黄遵宪、顾炎武、龚自珍、谭嗣同、王国维等文史大家、社会名流都在研读《史记》，歌咏其人物。近现代，《史记》诗评继续发展，出现了郭沫若《题司马迁墓》、田汉《访太史祠司马迁墓》等诗篇。

二、传诵司马迁与《史记》诗歌的内涵特征

从诗评内容分析,大致分为两大类:一是议论司马迁其人其事的诗歌(包括司马迁祠、墓),二是传咏《史记》人物诗。历代传咏司马迁其人其事的诗歌内容丰富,或赞颂司马迁在史学、文学方面的卓越成就,或景仰其人品、同情其不幸遭遇。著名政治家、思想家、文学家王安石不仅有《子贡论》《伯夷论》《周公论》等人物专论,还有《张良》《乌江亭》《范增》等诗论作品,更有颂扬司马迁忍辱负重、发愤著书的诗篇《司马迁》。清代思想家、文学家魏源,近现代文豪郭沫若、田汉等都有诗篇传颂。历代任职陕西或韩城的官员,均有与司马迁相关的诗篇如明朝韩城知县苏

进《吊太史公墓》、陕西布政司右参议严宪《题汉太史司马迁诗》、陕西提刑按察司佥事伍福《过汉太史司马迁墓》等。这一百多首诗歌,主要出自司马迁祠碑文、《韩城县志》和历代文人诗文总集、别集中。

最早传咏司马迁祠、墓和庙的是牟融。其《司马迁墓》云:"落落长才负不羁,中原回首益堪悲。英雄此日谁能荐?声价当时众所推。一代高风留异国,百年遗迹剩残碑。经过词客空惆怅,落日寒烟赋黍离。"盛赞司马迁的绝世才华,深深同情其不幸遭遇,感叹司马迁祠的残败。王安石《司马迁》云:"孔鸾负文章,不忍留枳棘。嗟子刀锯间,悠然止而食。成书与后世,愤悱聊自释。领略非一家,高辞殆天得。虽微樊父明,不失孟子直。彼欺以自私,岂啻相十百。"高度赞扬司马迁以不屈不挠的斗志,战胜重重磨难,用如椽大笔,撰写历史巨著《史记》的行为。他认为《史记》是司马迁"愤悱聊自释"之作,说明情感是司马迁《史记》审美和创造的一大要素。金代文学家高有邻《司马太史庙》云:"汉庭文物萃君门,良史独称司马尊。七十卷书终始备，三千年事是非存。李陵设若无先见，王允何由有后言。古庙风霜香火冷，白云衰草满平原。"称赞司马迁秉笔直书，具有良史之才，肯定《史记》记载中华民族三千年历史的功勋。这种评价，与班固、裴松之、曾巩、钱大昕等评论一脉相承。"龙门有灵秀，钟毓人中龙。学殖空前富，文章旷代雄。怜才膺斧钺，吐气作霓虹。功业追尼父，千秋太史公！"郭沫若这首激情洋溢的《题司马迁墓》，道出了千百年来人们对司马迁人品、才华的赞扬，对其著作《史记》的高度评价。文化名人田汉在祭扫太史祠墓、拜谒司马迁遗像时，低目咏叹，吟诵出《访太史祠司马迁墓》一诗："剧作龙门竟若何？一天星月少梁过。雄才百代犹堪仰，鸿业千秋总不磨。清水村中炉火秘，芝川桥畔血痕多。传忠倘有如椽笔，柏岭苍茫望大河。"高度评价司马迁对中国历史文化做出的杰出贡献，热情赞赏太史祠挺拔、雄伟的气势。

歌咏《史记》人物诗，内容广泛，所评人物众多，比之宋人《史记》专论、明清《史记》评点，范围更广，上至帝王将相、大小官僚，下到说客、策士、刺客、游侠、女性等。项羽、荆轲、李广、韩信、伯夷、叔齐、屈原等，都是司马迁热情歌颂的人物，也是诗评者的最爱。特别是对《史记》中女性人物的诗评，是史记学发展史上一道亮丽的风景线。《史记》中有大量性格鲜明的女性形象，她们或参与政治，大权在握；或机智勇敢，果敢叛逆；或深明大义，识见高远。如吕后、漂母、赵太后、卓文君、缇萦、聂嫈等。对于这些女性形象，宋人专论中未涉及，明清评点也涉及较少。而这些以《史记》人物为题材的诗评，拓宽了《史记》人物研究的范围，虽然歌咏女性人物的篇目不多，但意义重大。据笔者统计，在《史记题评与咏史记人物诗》所录五百三十五篇传咏《史记》人物诗中，评论女性的诗歌共有二十二首，涉及的女性人物有褒姒、聂嫈、虞姬、缇萦、卓文君等。胡曾《褒姒》云："恃宠娇多得自由，骊山烽火戏诸侯。只知一笑倾人国，不觉胡尘满玉楼。"这是对褒姒倾国带有嘲讽意味的感叹。在《史记·扁鹊仓公列传》中，司马迁记载了汉初名医淳于意之小女缇萦凭借自己的毅力和勇气,上书救父的美举,不仅使父亲含冤得直,而且促使了肉刑的废除。班固《咏史诗》首次以诗歌形式赞美缇萦上书救父的孝行:"三王德弥薄,惟后用肉刑。太苍令有罪,就递长安城。自恨身无子,困急独茕茕。小女痛父言,死者不可生。上书诣阙下,思古歌鸡鸣。忧心摧折裂,晨风扬激声。圣汉孝文帝,恻然感至诚。百男何愦愦,不如一缇萦。"从此,缇萦美名千古流芳,成为后世孝道的典型。

在评论女性的诗歌中,歌咏最多的是漂母、虞姬等。《史记·淮阴侯列传》中的漂母是一个富有爱心、施恩不图报的女性。"信钓于城下,诸母漂,有一母见信饥,饭信,竟漂数十日。信喜,谓漂母曰:'吾必有以重报母。'母怒曰:'大丈夫不能自食,吾哀王孙而进食,岂望报乎!'"[①]漂母不仅给落魄中的韩信以慈母般的关爱,更给韩信以昂扬向上、自立自强的精神激

---

① 司马迁:《史记》,中华书局1982年版,第2609页。

励。非凡的漂母于是成了以后历代文人学士歌颂的对象。元代诗人黄庚《题漂母饭信图》赞曰："国士无双未肯臣，汉皇眼力欠精神。筑坛只待追亡后，不及西边一妇人。"通过与刘邦对比，评价漂母慧眼独具。清代诗人靳应升《漂母祠》曰："老妪何许人，漂于淮之浒。一饭哀王孙，高义空千古。妇人眼独青，可笑重瞳瞽。"高度评价漂母并道出了漂母一饭之恩的意义。因为漂母对韩信的重要影响，南宋文史名家罗大经更是把漂母与圯上老人黄石公相提并论。"韩信于未遇时，惟萧何及漂母尔。何之英雄固足以识信，漂母一市媪乃亦识之，异哉！故尝谓子房狙击祖龙，意气过于轻锐，故圯上老人抑之。韩信俯出市袴，意气怜于销沮，故淮阴漂母扬之。一翁一媪，皆异人也。"[①]这些诗评与史评的完美结合，使漂母饭信的故事深入人心，代代相传。

在《史记·项羽本纪》中，一曲《垓下歌》，不

---

① 凌稚隆：《史记评林》，天津古籍出版社1998年版，第752页。

仅唱出了英雄末路的悲哀，还唱出了项羽对虞姬的真情；不仅说明项羽是一个痴情男人，还显示出项羽是一个英雄式的痴情男儿。司马迁虽然把虞姬作为项羽悲剧的陪衬角色来着墨，但项羽的慷慨别姬、悲剧人生吸引了无数文人墨客对虞姬形象的吟诵。苏轼《虞姬墓》、元代乃贤《虞美人草词》、清代吴永和《虞姬》等诗评，使虞姬形象由模糊走向清晰，由单薄走向厚实。其中吴永和《虞姬》诗云："大王真英雄，姬亦奇女子。惜哉太史公，不纪美人死。"作者认为由于虞姬的命运与盖世英雄项羽紧密相连，所以虞姬名垂青史。苏轼《虞姬墓》云："帐下佳人拭泪痕，门前壮士气如云。仓黄不负君王意，只有虞姬与郑君。"认为虞姬自刎是"不负君王意"的忠义之举，挖掘了虞姬形象的深层内涵，强化了虞姬形象的感染力。苏辙《虞姬墓》云："布叛增亡国已空，摧残羽翮自今穷。艰难独与虞姬共，谁使西来敌沛公。"把虞姬与忠贞不贰的大臣相提并论，深刻挖掘，见解独特。乃贤《虞美人草词》则别具一格："美人不顾颜如花，愿为霜草逢春华。汉壁楚歌连夜起,骓不逝兮奈尔何?鸿门剑戟帐下舞,美人忍泪听楚歌。楚歌入汉美人死,不见宫中有人虺。"作者以抒情的笔调,将虞姬多情而又无可奈何的分别心境栩栩如生地描绘出来,诗中不仅称赞虞姬形貌之美,更赞美虞姬"愿为霜草逢春华"的高尚品格。这些诗评,突破了人们对《史记》人物形象的固有认识,开启了对《史记》人物的新见解,这是一个质的飞跃。

从诗评形式看,有古体诗、近体诗。其中,唐以前以古体诗为主,如班固《咏史诗》、陶渊明《咏荆轲》等;唐以后,格律诗居多。因为唐宋时期是司马迁与《史记》人物诗评的成熟期,而格律诗已经成为诗歌创作的主要形式,文人学士纷纷运用格律诗品评《史记》人物,表达自己的见解。宋代诗人晁补之《读〈蔺相如传〉》云:"蚩蚩六国共忧秦,独有相如知不群。完璧东归何足道,最贤能下怒将军。"这篇七言诗论,截取完璧归赵、负荆请罪这两个历史画面,深化了蔺相如智勇双全的性格特征。

"受到《史记》影响而以《史记》人物为题材的'诗论',不仅因为诗歌抒情性的特殊功能而强化《史记》人物形象的感染力;不仅因为诗歌语言的凝练概括,朗朗上口的特殊形式,而使《史记》人物形象和故事更广泛传播普及、更加深入人心;而且因为在这些诗歌中时时翻出新意,开启人们突破对《史记》人物固有认识而向新的境界飞跃;而且因为在这些诗歌中揭示了《史记》人物形象的现实意义,使人们重新认识研究《史记》人物的现实价值所在,从而推动司马迁与《史记》研究向纵深发展。这也许就是《史记》人物'诗论'对《史记》及其研究的'影响'了。"[1] 司马迁与《史记》诗评,使《史记》研究成果丰富多样、姹紫嫣红;这些诗评,与以文章形式所取得的成果异曲同工、竞相媲美,并与之相得益彰,共同推动了史记学的发展。

---

[1] 宋嗣廉:《吟咏史记人物的诗歌也是史记研究的一种表现形式》,载张文立主编:《司马迁与史记论集》第4集,陕西人民出版社2000年版,第59页。

陆

戏

"戏"，即以戏剧形式反映司马迁、传播《史记》的史记戏。"'史记戏'，顾名思义，指剧作家所创作的以《史记》为本事来源的历史题材的戏剧。"① 这些戏剧，不仅角色为《史记》所记载的历史人物，而且剧情、背景、主要事件都是依据《史记》或者由《史记》敷衍而来。所以，史记戏不仅是《史记》传播与接受过程中的杰作，也是《史记》文学化的产物，更是两千多年来史记学发展的重要成果。

---

① 俞樟华：《史记与古代小说戏曲研究》，黑龙江人民出版社2014年版，第96页。

梳理史记戏的发展历程，就会发现，史记戏发轫之初，就是它的辉煌之时，跨越式臻于鼎盛。南宋末年诞生的《赵氏孤儿记》剧作，标志着史记戏的诞生[①]。随着时代的发展和戏剧艺术的成熟，元明清时期，史记戏进入鼎盛时期，文学样式主要是杂剧和传奇。根据近人傅惜华《元代杂剧全目》所考，元杂剧史记戏有一百八十多部[②]，但大多散佚。据李长之《司马迁之人格与风格》考证，取材于《史记》的元杂剧史记戏现存约十六部[③]；明代史记戏约五十种，现存约二十三部；清代史记戏约二十八部，现存约十六部[④]。近现代时期，随着《史记》传播的多样化，史记戏趋于精品化。根据陶君起《京剧剧目初探》粗略统计，取材于《史记》的京剧剧目多达五十余出[⑤]，如《赵氏孤儿》《卓文君》《刺王僚》《将相和》《文昭关》《漂

[①] 参见俞樟华：《史记与古代小说戏曲研究》，黑龙江人民出版社2014年版，第108页。
[②] 参见傅惜华：《元代杂剧全目》，人民文学出版社1957年版。
[③] 参见李长之：《司马迁之人格与风格》，天津人民出版社2007年版。
[④] 参见庄一拂：《古典戏曲存目汇考》，上海古籍出版社1982年版。
[⑤] 参见陶君起：《京剧剧目初探》，中华书局2008年版。

母饭信》等都是经典。秦腔戏《荆轲刺秦》《斩韩信》《八义图》等都是深受老百姓喜爱的史记戏。

　　元明清时期的史记戏呈现出三方面的特点：内容与形式的时代性，虚实相生的艺术构思，寓教于乐的教化功能。

一、内容与形式的时代性

一个时代有一个时代的社会背景，一个时代也有该时代的思想文化特征。元代蒙古族入主中原，由于他们崇尚近乎原始状态的风俗习惯，在政治上对汉儒精心建立起来的中原文化即封建思想伦理体系不重视，所以这一时期思想文化界处于比较自由的状态。又由于元代近八十年不实行科举考试，众多知识分子被边缘化，流落市井。为了迎合市民的消费需求和审美心理，也为了生计，知识分子纷纷创作史记戏，促使元代史记戏走向兴盛期。元代比较宽松的政治大环境，使史记戏在内容上呈现出丰富多彩的特点。或揭露封建统治者残害忠良的行径，如金仁杰《萧何月下追韩信》、尚仲贤《汉高祖濯足气英布》、无名氏《赚蒯通》等，通过韩信发迹、汉高祖设计降英布、蒯通骂朝等故事，表达"狡兔死，走狗烹；高鸟尽，良弓藏；敌国破，谋臣亡"的历史规则，寓意反映封建统治阶级集团内部，君臣可以共患难、不可共享富贵的残酷现实；或歌颂忠臣义士的气节，如郑光祖《周公摄政》、狄君厚《晋文公火烧介子推》、杨梓《豫让吞炭》等，高扬忍辱负重、忠肝义胆的忠臣良将气节；或表现快意恩仇的题材，如郑廷玉《楚昭公》、李寿卿《伍员吹箫》、无名氏《淬范叔》等；或表现人情的冷漠，如无名氏《冻苏秦衣锦还乡》。在表现形式上，元代史记戏主要以杂剧为主。元杂剧是在前代戏曲艺术和说唱艺术的基础上发展起来的，先在中国北方流行；到元灭南宋以后，逐步流行到中国南方，从此，成为当时流行的文学样式。而元代史记戏艺术成就最高，这与元杂剧发展的水平是一致的。

明代史记戏的发展，与当时社会的政治、经济、文化息息相关。明代前期，社会比较安定，经济得到恢复和发展。这时的史记戏承元杂剧余风,文学样式主要是杂剧,同时出现了传奇。明代后期,随着戏剧形式的不断革新,出现了由宋元南戏发展而来的明传奇。在明传奇大力兴盛的时期,史记戏的文学样式以传奇为主,杂剧为次。在内容方面,随着专制主义中央集权统治的加强,明代统治者大力提倡程朱理学,实行科举制度,这一切极大地束缚了文人们的思想。所以,明代前期,史记戏以爱情剧为主线,于是有"十部传奇九相思"之说。如梁辰鱼《浣纱记》,取材于《史记·越王句践世家》,写吴越兴亡,并敷衍西施与范蠡的爱情故事,贯穿其间,将政治和爱情相结合,开创了以离合之情写兴亡之感的手法,对后世传奇创作有很大影响。汪道昆《陶朱公五湖泛舟》、赵明道《灭吴王范蠡归湖》等,都是著名的范蠡、西施题材戏。孙柚《琴心记》,取材于《史记·司马相如列传》中所记司马相如的本事,并敷衍其与卓文君的爱情故事。由于党争贯穿整个明代,这种社会现实深深地影响着剧作家的创作心态,反映忠奸斗争的历史题材成为作家的偏爱。

明末清初，社会动荡不安，战争不断，连年灾荒，人民处在水深火热之中。在这种情况下，人们呼唤救世主式的英雄人物横空出世，整顿乾坤，安正天下。于是史记戏中的英雄戏、刺客戏，纷纷登台亮相。韩信、张良、萧何、范雎等，成为剧作家笔下的宠儿。演绎张良刺秦王的历史剧有王万谶《椎秦记》、无名氏《（张子房）赤松记》、丁耀亢《赤松游》、范希哲《双锤记》等；演绎范雎故事的历史剧有无名氏《范雎绨袍记》等；演绎荆轲刺秦的历史剧有徐沁《易水歌》、茅维《秦廷筑》、汪光被《易水歌》等。这些历史剧，表达了剧作家对英雄人物的崇拜和渴望英雄救世的情怀。由于清代政治上的高度统一，统治者大兴文字狱，总结历史兴亡成败得失的规律和教训是这一时期史记戏创作的主流。仅取材于《史记·屈原列传》的史记戏，就有张坚《怀沙记》、顾彩《楚辞谱》、尤侗《读离骚》等。可见社会政治、经济、文化总倾向对史记戏的发展产生了广泛深远的影响。

二、虚实相生的艺术构思

虚实相生是中国美学自古以来的一个重要法则。明代王骥德《曲律·杂论上》云:"戏剧之道,出之贵实,而用之贵虚。"说明生活经验是戏剧创作的基础,而表现手法则是艺术虚拟。史记戏是剧作家以《史记》为本事来源而创作的历史剧,是《史记》文学化的产物,作者通过虚实相生的艺术构思,在传承《史记》基本历史文化精神的同时,又对简约的历史事实进行连缀、补充、发挥,使史记戏由历史真实走向艺术真实。

《史记》是中国文学的典范之作,其中蕴含着丰富的戏剧元素。著名的"荆轲刺秦王""钜鹿之战""鸿门之宴""垓下之围""萧何月下追韩信""破釜沉舟""霸王别姬""乌江自刎"等历史场面，跌宕起伏，一曲三折，扣人心弦，妙趣横生，极具戏剧性。越王句践、刺客荆轲、淮阴侯韩信、留侯张良、盖世英雄项羽等都是富有传奇风采的历史人物，因而成为史记戏的主角。"后世戏剧主题在《史记》主题中已见端倪。……这在内容上最明显的表现诸如'忠奸之争''英雄侠义''宫闱秘事''才子佳人'等等。……这些思想倾向构成一个个主题并成为后世戏曲最为常见和颇受群众喜爱的内容。"①

剧作家创作的史记戏，对《史记》题材有不同程度的改编，但都根植于《史记》反映的历史事实，又有剧作家在特定历史背景下出于主体意识对历史事实所作的艺术重构。"赵氏孤儿"故事最具代表性。赵氏孤儿是一个在中国大地上流传了几千年的历史故事，家喻户晓，成为褒忠贬奸、表现民族价值观的

---

① 俞樟华：《史记与古代小说戏曲研究》，黑龙江人民出版社2014年版，第100页。

佳作。这个故事最早见于《左传》，司马迁经过搜集、整理有关历史和传说，写成了令人荡气回肠的《赵世家·赵氏孤儿》。清代评论家邵晋涵《史记辑评》云："《左传》无屠岸贾事，亦不载程婴、公孙杵臼，《史》故独详。"在司马迁笔下，程婴、公孙杵臼的"忠""信""义"精神可歌可泣，令人动容，而忠奸生死搏斗的主题已经萌芽其中。从此以后，"赵氏孤儿"故事不断被演绎，改编成各种戏剧。纪君祥《赵氏孤儿》取材于《史记·赵世家》，其故事情节、人物大致与《史记》相同，但增添和变动了许多情节，强化了故事的戏剧性和悲剧性，突出了赵氏孤儿复仇的主题。增添、变动的情节诸如程婴由赵朔的好友变成了民间医生，成为赵家门客；程婴以亲子救赵氏孤儿，并带着赵武改名投奔屠岸贾的门下，而赵氏孤儿被屠岸贾收为义子。从整个剧本看，作者把搜孤、救孤、保孤的故事上升到忠义与奸佞斗争的高度，通过程婴、韩厥、公孙杵臼等保孤、救孤的壮举，强化了忠义的色彩。作者通过虚实相生的艺术构思，使《赵氏孤儿》

成为一部著名的悲剧。明代戏剧家孟称舜在《酹江集》中评价此剧云:"此是千古最痛最快之事,应有一篇极痛快文发之。读之觉《太史公传》犹为寂寥,非大作手,不易办也。"赞扬纪君祥是"大作手"。王国维认为,"其最有悲剧之性质者,则如关汉卿之《窦娥冤》、纪君祥之《赵氏孤儿》。剧中虽有恶人交构其间,而其蹈汤赴火者,仍出于主人翁之意志。既列之于世界大悲剧中,亦无愧色也"①。徐元的明传奇《八义记》,在沿袭《赵氏孤儿》忠奸斗争、复仇主题基础上,通过周坚、鉏麑、提弥明、灵辄、韩厥、公孙杵臼、程婴等八位义士舍生救孤、助忠抗奸的义勇行为,强化了忠义内容,表现了鲜明的道德价值取向,体现了强烈的时代意识。正因为剧作家高明的艺术构思,使史记戏具有强烈的艺术感染力,受到老百姓的喜爱。

---

① 王国维:《王国维散文》,上海科学技术文献出版社2013年版,第138页。

三、寓教于乐的教化功能

戏剧是最富于群众观赏性的文艺形式,是适应乡村城镇人口密集环境和商贾气息生活方式与审美要求迅速发展和盛行起来的。各个阶层的观众或者消费者,在审美活动中,表现出一定的审美爱好和品味,诸如"大团圆"的审美习俗、英雄崇拜心理、因果报应、助人为乐、劫富济贫、扬善惩恶、勤劳致富、苦学成才、有情人终成眷属等价值取向思想。所以,作为通俗文学的史记戏,在承袭《史记》基本的历史文化精神的同时,又不拘泥于史实的"初陈梗概",对历史事实进行细腻地连缀、合理地补充、创造性地发挥,使得整个人物与故事完整而连贯,寄寓着普通民众的愿望理想。从作者角度说，史记戏的创作不仅要适应观众的心理，使他们得到精神上的享受；还要受作者社会责任心的驱使，在创作中寄寓普通民众的理想愿望，从而起到很好的教化作用。如无名氏《范睢绨袍记》开场诗云："悲欢离合剧中情，休向人前问假真。但得今人能似古，一回搬演一回新。"道出了史记戏以史为鉴的教化功能。《八义记》在《史记·赵世家》、元杂剧《赵氏孤儿》故事情节的基础上，创造性地增加了"周坚替死"情节，使赵朔得以保全性命，以及公主被囚冷宫，后去守陵等情节。剧末，随着赵氏孤儿报仇雪恨，赵家夫妻父子大团圆，广大观众也"转愁成喜，破涕为欢"。从观众角度说，老百姓看戏的目的是"找乐""寻安""出气""学招"，追求心理、精神和生理的满足与享受。在封建社会，普通老百姓处于社会底层，期盼渴望梦想愿望的实现、艰辛穷苦的解脱、除恶锄坏的到来、致富乐生的如期，而舞台戏剧，阅尽古今万千事，知晓天下众多理，人们一时忘却人间世俗的困扰和迷离人生的烦恼，得到了超凡脱俗、自由释解的快乐，而作者的创作宗旨也得以展现传播。

正因为史记戏为《史记》的传播与普及做出了重要贡献，目前学界关注史记戏的创作，研究者发表了许多论文和论著。江君的论文《论"史记戏"带给观众的心理满足》，分析了史记戏的社会功能，《由史而文，融雅于俗——元明清"史记戏"特点论略》分析了史记戏特点；丁合林的论文《元杂剧史记戏对〈史记〉的继承与重构》，探讨了史记戏与《史记》创作、接受的关系。俞樟华等继发表《论史记戏研究的深化》《论京剧"史记戏"对〈史记〉的改写》等论文后，出版了论著《史记与古代小说戏曲研究》，基于史料考证，以独特的视角、富有新意的观点，比较系统地论述了史记戏的产生历程、选材与主题建构、史记戏在本体论视阈下的解构及史记戏研究的深化等问题，可谓全方位、立体化地展现了史记戏的全貌。

柒 传

"传",即以多种形式使司马迁与《史记》故事、思想、精神、人文观念广为流传颂扬。在两千多年的悠悠历史长路中,《史记》犹如一条奔腾绵延的大河,潜移默化地浇灌和哺育着中华文明,润物细无声般滋润和涵养着一代代中华儿女的智慧心田。不同时代、不同价值观的文人学士乃至民间艺人、各地各级政府通过不懈的努力,特别是新型媒介——电子媒介、网络媒介的加入,使《史记》从少数文人学士的案头走向千家万户,成为老百姓大众的必读书;不仅是仁人志士治平之鉴,更是童叟妇孺修身箴言。简而言之,《史记》成为全社会所共学、共识、共享的广为流传的根柢珍品。

一、通俗文学对司马迁与《史记》的普及宣传

"自汉至唐,《史记》皆为写本;宋淳化年间以后,《史记》始有雕版。"① 由于政治原因,《史记》在汉代只是在上层小范围内流传。魏晋南北朝时期,随着史学成为独立学科,人们研读《史记》也较为方便,于是《史记》得以广泛流传。唐朝把《史记》作为科举考试的内容之一,不仅出现了研究《史记》的热潮,而且《史记》也成为读书人的必读深修之书,流传更广。到了宋元时期,随着印刷术的进一步发展,《史记》由抄本嬗变为刻本,被大量刊刻印行,从而拓宽了《史记》

---

① 张玉春、应三玉:《史记版本及三家注研究》,载张大可、丁德科主编:《史记论著集成》第十二卷,商务印书馆2015年版,第3页。

传播和读者群。在这些接受群体中，以文人学士为主体，也有书商、更有百姓大众，这主要得益于应运而生的通俗文学——话本、戏剧等的广泛宣传。

话本原是说话人演讲故事所用的底本，是随着民间说话伎艺发展起来的一种文学形式。说话这种艺术至迟在中唐就有。到了宋元时代，随着工商业的发展，经济的繁荣，商贸业不断扩大。为了适应广大商贸集散区域百姓大众的娱乐需求，话本渐趋成熟。据《东京梦华录》载，北宋末年"在京瓦肆伎艺"有：小唱、傀儡、球杖踢弄、讲史、小说、影戏、小儿相扑杂剧、诸宫调、说诨话等，"不以风雨寒暑，白昼通夜，骈阗如此"。可见其经常、多样、热闹非凡。在话本中，讲史话本最为流行。讲史就是专说历史故事。《史记》记载了上起黄帝下至汉武帝时期三千年左右的历史，气势恢宏，博大精深。其精彩故事、传奇人物就成为讲史话本的重要内容之一。《宋朝事实类苑》卷六十四"党太尉"条引《杨丈公谈苑》中云："党进过市，见缚栏为戏者，驻马问：'汝何为所焉？'优者曰：'说韩信。'"这里的"说韩信",就是说韩信故事。西楚霸王项羽也是话本、戏剧演绎的著名人物。刘克庄《后村先生大全集》卷十,《田舍即事》十首之九云:"儿女相携看市优,纵谈楚汉割鸿沟。山河不暇为渠惜,听到虞姬真是愁。"说明宋人听说书时,对刘邦与项羽争天下的故事也十分有兴趣。通过讲史、戏剧等喜闻乐见的说唱艺术形式,将《史记》搬上舞台,传之街头巷尾,这似乎是宋代始有的创造①。现存元代至治年间建安虞氏刊本《全相平话》中的四部讲史话本,是话本中的代表作。这四部讲史话本包括《武王伐纣书》、《乐毅图齐七国春秋后集》、《秦并六国》(又名《秦始皇传》)、《前汉书续集》(又名《吕后斩韩信》)②,都是依据《史记》中的历史故事经过讲史艺人加工敷衍而成的。可见《史记》人物故事越来越多地走向说书艺人的底本,走向勾栏瓦舍的听众和观众。

元明清是通俗文学发展的黄金时代。元杂剧、明

---

① 参见俞樟华:《唐宋史记接受史》,吉林人民出版社2004年版,第164页。
② 参见俞樟华:《唐宋史记接受史》,吉林人民出版社2004年版,第286页。

清传奇和小说是其代表性的文学体裁。《史记》人物故事以其历久弥新的魅力，被文人们自觉不自觉地写进戏剧里、小说中，从京城到大河上下、东西南北中，《史记》呈现出空前的普遍的被接受盛况。在元杂剧、明清传奇中，出现了以《史记》为本事来源的历史题材的史记戏，为《史记》普及宣传做出了卓越贡献。在通俗小说方面，出现了明代洪楩小说集《清平山堂话本》卷四《张子房慕道记》《风月瑞仙亭》；明代冯梦龙《喻世明言》第三十一卷《闹阴司司马貌断狱》，《警世通言》第二十四卷《卓文君慧眼识相如》；清代蒲松龄《聊斋志异》卷六《聂政》，等等。可以说，元明清时期，《史记》中的人物故事经过戏剧、小说等世俗化的图解后，以鲜活的形象和动人的故事走进了千家万户。

冯梦龙《喻世明言》第三十一卷《闹阴司司马貌断狱》，是一篇令人拍案惊奇的小说。蜀郡益州秀才司马貌在阴间断了四个案子：第一宗是韩信、彭越、英布告刘邦、吕氏屈杀忠臣案；第二宗是丁公告刘邦恩将仇报案；第三宗是戚夫人告吕氏专权夺位案；第四宗是项羽告王翳、杨喜、夏广、吕马童、吕胜、杨武乘危逼命案。小说重断项羽、韩信旧案，牵引出曹操、刘备、关羽、汉献帝等人物，上下古今，穿越时空，使得韩信怨气一朝伸。在前世来世、因果报应的纠缠中，敷衍了楚汉之际和汉初历史人物的故事，使广大观众陶醉在美的享受中。蒲松龄《聊斋志异》卷六《聂政》，描写了聂政英灵显化，搭救遇难夫妻的故事，道出了人间自有正气在的道理。在《史记》中，聂政是侠义豪杰；在《聊斋志异》中，聂政是鬼中英雄。在戏剧方面，除了古代的元杂剧、明传奇等，还有现当代的舞剧、话剧、地方剧等也在演绎着《史记》人物的精彩人生。仅以西楚霸王项羽戏为例，就有现代京剧《楚歌凄》、淮剧《西楚霸王》、话剧《乌江》、大型舞剧《霸王别姬》等。其中淮剧《西楚霸王》是一部旧戏新编的剧作，上海淮剧团1999年首演即获成功。关于此剧的创作宗旨，剧作者"罗怀臻说得好：他要把'西楚霸王'塑造成一个英气勃勃的贵族青年，籍以呼唤现代人胸中日益淡漠的英雄情怀；并且打出'都市新淮剧'的品牌"[1]。全剧以宏大辉煌的场面，诠释了一个鲁莽、刚愎自用、毫无政治远见的英雄人物项羽，以自己的真性情，完成了自己霸王的心路历程，在后代人心中成了永远的霸王。从而使项羽英雄形象深入人心，妇孺皆知。

但从阅读角度看，对《史记》文本的阅读，还局限在文人学者的范围，百姓中不同知识文化水平者则千差万别，只能靠戏剧话本、民间传唱了。

---

[1] 顾晓明：《旧戏新编气盖世——评淮剧〈西楚霸王〉的现代诠释》，《上海戏剧》1999年第7期。

二、多渠道普及宣传司马迁与《史记》

清末民国时期，随着时代的进步和《史记》研究的发展，《史记》已经拥有众多读者，除了文人学士外，还有广大的青年学生。在《史记》普及宣传方面做出突出贡献的是梁启超先生。梁先生在深入研究《史记》的同时，还利用大学讲台为青年学生讲授《史记》。他认为《史记》是中国通史的创始者，是一部博大谨严的著作，"凡属学人，必须一读"。为此，他撰写了《国学入门书要目及其读法》一文，特意开了包括《史记》在内的共二十五部书的"最低限度之必读书目"。他在《要籍解题及其读法》中对《史记》读法做了详细具体介绍，提出读《史记》有二法：一是常识的读法，二是专究的读法。而在两种读法之前，都要做共同的入门准备，即首先"读《太史公自序》及《汉书·司马迁传》，求明了作者年代、性行、经历及全书大概"，其次读《汉书·叙传》论《史记》之部，刘知幾《史通》之《六家篇》，郑樵《通志·总序》论《史记》之部，《隋书·经籍志》及《四库提要》之史部正史类论《史记》之部分，目的是要了解《史记》在史学界的地位及价值[①]。同时，推荐《史记》中十大名篇《项羽本纪》《信陵君列传》《廉颇蔺相如列传》《鲁仲连邹阳列传》《淮阴侯列传》《魏其武安侯列传》《李将军列传》《匈奴列传》《货殖列传》《太史公自序》为精读之篇目，因为"诸篇皆肃括宏深，实叙事文永远之标范"。梁先生对《史记》的指导详细具体，不仅使当时青年学生受益匪浅，就是今天对我们阅读《史记》仍有一定的启迪。

新中国成立以后，广大学者在普及宣传《史记》方面做了大量的工作，出现了许多普及性的注译选本

---

① 参见张新科:《史记学概论》，商务印书馆2003年版，第19页。

和通俗性的读物，形成了普及宣传司马迁与《史记》的热潮。20世纪80年代至今，随着科学技术的不断发展，各种新的传播媒介纷纷加入普及传播《史记》的行列，诸如以广播和电视为主体的电子媒介，通过电脑和网络集声、图、字、像诸种符号为一体，采、录、编、播各种手段为一身的网络媒介等，从而使《史记》人物故事家喻户晓；《史记》已经由文人的案头物扩大为普通老百姓的读物，逐步走向普及化、大众化、娱乐化。

通过广播电视普及宣传《史记》，可以突破时间和空间限制，使《史记》文本故事便捷、高效地转化为形象可感的视听语言，观众听得真切、看得入神。中央人民广播电台在1989年隆重推出著名评书表演家袁阔成的评书《西楚霸王》。袁先生说表并重，形神兼备，绘声绘色，从而使《鸿门宴》《萧何月下追韩信》《明修栈道暗度陈仓》《破釜沉舟》《十面埋伏》《霸王别姬》等故事广泛流传于民间。2007年中央电视台"百家讲坛"栏目推出了"王立群读《史记》"，吸引了众多观众的视线,从而掀起了一股强劲的"史记热"。而《霸王别姬》《大风歌》《淮阴侯韩信》《东方朔》《汉武大帝》《赵氏孤儿》《楚汉传奇》《商圣范蠡与西施》《越王句践》《司马迁》等深受老百姓喜爱的影视剧,则从不同侧面对《史记》人物故事进行了艺术再现。在网络中,《史记》作为"国学宝典"之一进入网站,以《史记》相关故事和人物为原型拍摄的影视剧、制作的动画片,《史记》有声小说及广播剧等纷呈多彩。通过现代传播手段,《史记》的精彩内容宛如春燕纷纷飞入寻常百姓家。

　　《史记》在日本的流传范围相当广泛,出现了上至天皇、下至幼童,包括僧徒都在阅读《史记》的景象,甚至学生入学还要试《史记》[1]。

---

[1] 参见张新科、俞樟华:《史记研究史及史记研究家》,载张大可、丁德科主编:《史记论著集成》第十三卷,商务印书馆2015年版,第238页。

三、两千年宣传普及司马迁与《史记》的成就

从两千多年《史记》普及内容来看，主要有三个层次：第一个层次是普及《史记》的传奇人物、精彩故事和司马迁其人，不仅要让国人知道司马迁和《史记》，也要让外国人知道，这是最基本的普及；第二个层次是普及司马迁人格、思想、精神以及《史记》的伟大价值等；第三个层次是研究成果的普及，目的是让这些研究成果发挥社会和经济效益，将研究成果通俗化，普及到更广的领域中去[1]。这三个层次由浅入深，层层深入，使《史记》水到渠成地走入千家万户。

---

[1] 参见张新科：《史记学概论》，商务印书馆2003年版，第20页。

《史记》人物故事是两千多年来《史记》普及的主流。诸如元明清的史记戏、当代以《史记》人物故事为主的系列影视剧、有关《史记》人物故事类书籍，都是普及《史记》故事的重要途径。青木《史记故事大全集》遴选《史记》本纪、世家、列传中最为人称道的两百多个独立完整的故事，按时间顺序对其进行了整理编撰，通过科学的体例和创新的形式，全方位、新视角、多层面地向读者呈现这部中华文明巨著，力求在真实性、趣味性和启发性等方面达到一个全新的高度。同时，编者还精心选配了历史文物和遗迹照片、战争示意图、帝王名臣画像、历代人物名画等两百余幅图片，更加真实、直观、全面地将中国历史的丰富与精彩呈现在读者面前。该书精练生动的文字、科学简明的体例、丰富精美的图片、注重传统文化与现代审美的设计理念，多种视觉元素有机结合，帮助读者从全新的角度和崭新的层面去考察历史、感受历史、思考历史[1]。

---

[1] 参见青木主编：《史记故事大全集》，中国华侨出版社2011年版，第2页。

"普及不能停留在《史记》故事这样的层次上。如果不了解司马迁的精神和《史记》的价值,只知道《史记》的几个故事,也没有多大价值。"① 可喜的是,改革开放以来,对司马迁精神与《史记》价值的普及宣传,为学人重视。1997 年中央电视台一套黄金时间播出的由杨洁导演、中央电视台制作的 18 集电视连续剧《司马迁》,浓墨重彩、多角度、多侧面表现了司马迁的凛然正气、仗义执言的高尚人格魅力,以及他忍辱负重、不屈不挠撰写《史记》的深层思想感情和心态。这是一部伟大的悲剧,"为忍辱负重的中国知识分子唱一首苍凉的挽歌;为忍辱负重的中国的知识分子的灵魂塑像!为中国人的灵魂来一次刻骨铭心的洗礼;为中华民族的崛起再现一座历史的丰碑!"② 作为观众,我们为之震撼,顿生钦佩之情;我们为之动容,倍感痛快淋漓。在美的享受中,司马迁的风骨和魅力根植于我们的血液中。2015 年由陕西韩城籍艺术家冯远

---

① 张新科:《史记学概论》,商务印书馆 1982 年版,第 20 页。
② 徐江善:《电视剧〈司马迁〉诞生的艰难》,《记者观察》1997 年第 12 期。

征主演、北京人民艺术剧院精心打造的大型历史话剧《司马迁》精彩亮相。话剧以史圣司马迁一生经历为主线,通过"廷谏、宫刑、还乡、大雪、殉道"五幕剧的形式,让现场观众仿佛穿越千年,近距离感受司马迁的梦想、挫折,在生死抉择中的挣扎,奋斗过程的悲情人生,将一个有血有肉的司马迁生活化地呈现于现代舞台,使观众倍感司马迁博大精深的情怀和坚持真理的风骨,所以场场爆满,掌声不断,好评如潮。

2017年8月31日,由西安秦腔剧院三意社创排的大型秦腔历史剧《司马迁》,历经八年筹备,终于闪亮登场,首演期间场场爆满,应观众要求在为期5天的首演结束后还特意加演一场[①]。全剧通过廷祸、抉择、家难、归乡、论道、应诏、廷辩等七场组成,真正走入司马迁的精神世界,将一个敢于抨击腐朽、不畏权势、忧国忧民、忍辱发愤的司马迁生活化地呈现于舞台。同时,全剧通过司马迁和汉武帝在思想、观念、追求

---

① 参见雷县鸿:《秦腔〈司马迁〉摘得省"文华优秀剧目奖"》,《西安日报》2017年10月13日。

上的交锋，展现了陕西人骨子里自古而来的坚强与执着。剧作既尊重历史事实，又运用当代人的审美眼光去重新审视历史，在传统与革新、生存与死亡、理智与情感的相互矛盾、相互冲突中高潮迭起，扣人心弦，引人入胜。

在《史记》中，司马迁通过对历史事件的记载和对历史人物的塑造，体现了浓厚的人文精神。积极进取，建功立业；团结，奋斗，拼搏；坚忍不拔，战胜挫折；勇于改革，敢于革命；崇尚德义，追求独立人格；等等，这些人文精神具有永久的生命活力，对于当代人文精神的形成具有一定的积极意义。所以《史记》不仅是青少年学生学习古文的典范，更是帮助青少年学生培养健全人格精神的宝库。有名的《鸿门宴》《屈原列传》《廉颇蔺相如列传》《信陵君窃符救赵》《陈涉世家》《项羽本纪》《李将军列传》《报任安书》都纷纷走进《中学语文》《大学语文》《古代汉语》等教材中，让青少年学生在潜移默化中受到人格的熏陶。不仅如此，《史记》还是高考语文命题取之不尽的材料宝库。1979年全国高考语文试题，就选自《史记·淮阴侯列传》"多多益善"的广为人知的小故事。1980年全国高考语文试题，选自《史记·留侯世家》中趣味隽永的"张良纳履"的故事。之后，《史记》就与高考语文结缘。涉及名篇名人名典故的，如2001年全国语文卷《史记·田单列传》，2002年全国语文卷《史记·李将军列传》，2005年全国语文卷《史记·滑稽列传》等。各省市自治区高考语文卷取材于《史记》的更多。高考语文命题所体现的《史记》方向，促使中学重视《史记》，中学生学习《史记》，中学语文考试重视《史记》、涉及《史记》；不少大学开设《史记》研究专题，使《史记》成为青少年学习成才的必读之书。由此，《史记》的精读群体中又增加了广大的学生。

司马迁是语言大师，《史记》中许多名言、谚语、故事，经过长期流传，已经成为含蓄隽永、富有哲理的成语、典故，为中国老百姓耳熟能详，口口相传。如源于《项羽本纪》的"破釜沉舟""拔山扛鼎""先发制人""鸿门宴""霸王别姬""无颜见江东父老""四面楚歌",源于《廉颇蔺相如列传》的"完璧归赵""负荆请罪""怒发冲冠""刎颈之交",源于《平原君列传》的"毛遂自荐""脱颖而出""歃血为盟""一言九鼎",源于《淮阴侯列传》的"背水一战""肝脑涂地""多多益善",源于《魏其武安侯列传》的"沾沾自喜""首鼠两端"等,经过老百姓口耳相传,已经深入人心。时代发展到今天,《史记》中有些成语典故,又赋有新的时代意义。源于《高祖本纪》"运筹帷幄之中,决胜千里之外"的名言,其当代意义在于做任何事情,都要善于布局谋篇,善于策划指挥,方会收到事半功倍的效果;《张释之冯唐列传》"不知其人,视其友"的警句,勉励人们与品德高尚的人交友,可以相得益彰,共同进步;《滑稽列传》"不鸣则已,一鸣惊人"的典故,告诉人们要取得成功,除了学会静观其变和忍耐外,同时还要顺势而为,善于抓住最佳时机;源于《留侯世家》"良药苦口利于病,忠言逆耳利于行"的名言,说明勇于接受正确的批评意见,是领导干部最基本的素质,只有汲取众人的智慧,改正自己的失误，才能成就自己的事业；源于《郑世家》"以权利合者，权力尽而交疏"的警句，其现实意义在于警戒我们的领导干部，要坚持正确的交友原则，不要把权力变成维持"友谊"的工具。这些成语典故，闻之诵之用之，使人如坐春风，如览春色，熏陶了一代又一代中华儿女，激励着人们积极进取，奋发有为。

韩城市司马迁学会，积极开展有关司马迁乡土文化的普及工作，出版《司马迁的传说》《司马迁祠碑石录》《历代咏司马迁诗选》《司马迁与太史祠》《司马迁传奇》等具有地方特色的著作，向广大群众特别是青少年宣传普及司马迁与《史记》。韩城市多次举行"史记韩城·风追司马"民祭司马迁大型文化活动，社会反响良好。有名的司马迁祠景区，设有司马迁文化系列展、《史记》故事展、十二本纪景观园等。其中十二本纪景观园是依据《史记》"十二本纪"建成的雕塑群，分为五帝文化、夏文化、殷文化、周文化、秦文化（包括秦本纪和秦始皇本纪）、楚汉文化（包括项羽本纪和高祖本纪）、吕后文化、文景之治文化（包括孝文本纪和孝景本纪）、武帝文化等九个景观区，以石雕艺术配景观小品、文字及绿植等形式再现了"十二本纪"的人物和时代文化特征。在历史熏陶中，在休闲观光中，游客将司马迁与《史记》文化渐记心中。韩城市的《史记》特色旅游文化，给四方宾客深刻印象，韩城的知名度、美誉度日益提升。司马迁故乡的高校渭南师范学院，有中国司马迁与史记研究院，重视并重点开展关于司马迁与《史记》的学术研究和资源保护开发工作，出版了一系列标志性著作，坚持召开学术会议，积极参与地方有关专项调研，成为司马迁与《史记》研究的基础性、引领性、普及性的学术高地。中外广大学人深入研究《史记》，致力于《史记》研究成果的普及工作，为促进《史记》学术研究与社会进步紧密结合做出了切实的、创造性的贡献。

捌

人

"人",即研究司马迁与《史记》的学人。从古及今,每一个时代都有众多学者研究、传播《史记》,从而形成了《史记》研究的文化血脉。据初步统计,历代以来,《史记》研究者达两千余人[1],具有真知灼见、成一家之言者众多。

---

[1] 参见张大可、丁德科:《史记通解·序论》,商务印书馆2015年版,第20页。

一、古代、近代、现代史记学人

　　古代史记学人首推汉代学者扬雄和班彪、班固父子。由于司马迁《史记》的伟大贡献，也由于他们的史家卓识，首开司马迁与《史记》研究先河。《汉书·扬雄传》云："雄少而好学，不为章句，训诂通而已，博览无所不见。为人简易佚荡，口吃不能剧谈，默而好深湛之思，清静亡为，少耆欲，不汲汲于富贵，不戚戚于贫贱，不修廉隅以徼名当世。家产不过十金，乏无儋石之储，晏如也。自有大度，非圣哲之书不好也；非其意，虽富贵不事也。顾尝好辞赋。"可知扬雄淡泊名利，潜心学术，长于辞赋，是一位知识渊博的学者。扬雄是《史记》传世后的第一批读者，也是最早的《史记》评论专家。"雄见诸子各以其知舛驰,大氐诋訾圣人,即为怪迂,析辩诡辞,以挠世事……及太史公记六国,历楚、汉,讫麟止,不与圣人同,是非颇谬于经……撰以为十三卷,象《论语》,号曰《法言》。"扬雄以维护儒学传统自居,认为《史记》"是非颇谬于经",即是非标准不符合儒家思想规范,这是针对司马迁《史记》中所表现出来的思想倾向以及司马迁对历史人物的评价而言的[①],反映了扬雄与司马迁的思想分歧。《法言》是扬雄晚年之作,在《法言》中扬雄对司马迁与《史记》进行了评价。其《法言·重黎篇》云:"或问《周官》,曰:'立事。'《左氏》,曰:'品藻。'太史迁,曰:'实录。'"扬雄在这里早先提出《史记》"实录"的命题,虽然并未论及实录的内涵,但其《史记》"实录"的概念,对后世影响深远;《法言·君子篇》云:"多爱不忍,子长也。仲尼多爱,爱义也;子长多爱,爱奇也。"扬雄又早先提出司马迁

---

① 参见张新科、俞樟华:《史记研究史及史记研究家》,载张大可、丁德科主编:《史记论著集成》第十三卷,商务印书馆2015年版,第25页。

"爱奇"说。归纳起来，扬雄对司马迁与《史记》的评价，主要有上述三方面，除去指责《史记》"是非颇谬于经"不能为人所同意外，其所提出的"实录""爱奇"命题，为历代学者所讨论、充实、丰富。

班彪对司马迁及《史记》的评价，见于《后汉书·班彪列传》。班固在《汉书·司马迁传》中也对司马迁及《史记》进行了集中的评论。纵观班彪、班固父子的评论可以发现，他们的评论是一脉相承的。首先，班氏父子高度赞扬司马迁博采众家，首创五体纪传通史体例的功劳。班彪评价曰："孝武之世，太史令司马迁采《左氏》《国语》，删《世本》《战国策》，据楚、汉列国时事，上自黄帝，下讫获麟，作本纪、世家、列传、书、表百三十篇，而十篇缺焉。"[①] 其次，在充分肯定司马迁史才的基础上，对《史记》实录精神的内涵做了阐释。班彪赞扬《史记》"善述序事理，辩而不华，质而不野，文质相称，盖良史之才也"。班固

---

① 范晔：《后汉书》，岳麓书社2008年版，第484页。

继承并发展了其父的观点："自刘向、扬雄博极群书，皆称迁有良史之才，服其善序事理，辨而不华，质而不俚，其文直，其事核，不虚美，不隐恶，故谓之实录。"从内涵方面对扬雄"实录"说进行了阐释与概括。最后，指责司马迁及《史记》"是非颇谬于圣人"。"论大道则先黄老而后六经，序游侠则退处士而进奸雄，述货殖则崇势利而羞贱贫，此其所蔽也。"① 班氏父子从《史记》体例、司马迁史才、实录精神、《史记》思想观点等方面对司马迁与《史记》进行了全面的评价，其中指责司马迁及《史记》"是非颇谬于圣人"的观点不能被人认同，其余观点颇有新意，特别是称赞司马迁"不虚美，不隐恶，故谓之实录"的观点，成为后世评论司马迁的经典名言。

唐代刘知幾首次用史学理论评价《史记》的体例，"《史记》者，纪以包举大端，传以委曲细事，表以谱列年爵，志以总括遗漏。逮于天文、地理、国典、

---

① 班固：《汉书》，中华书局2010年版，第2736页。

朝章，显隐必该，洪纤靡失。此其所以为长也"①。称赞《史记》是一部博大精深、内容丰富多彩的著作。韩愈、柳宗元从文学角度肯定《史记》的文学价值。韩愈认为司马迁《史记》的风格是"雄深雅健"。柳宗元《报袁君秀才书》则云："太史公甚峻洁，可以出入。"认为《史记》的文章风格是"峻洁"。他们的见解独到，富有开创性和启迪性。司马贞、张守节注释《史记》，建言当代，启迪后人。

宋代郑樵首先肯定《史记》对史学的深远影响在于其开创了纪传体，"使百代而下，史官不能易其法，学者不能舍其书，六经之后，惟有此作"；苏洵《高祖论》《项籍伦》《管仲论》等，苏轼《秦始皇帝论》《汉高帝论》《周公论》《留侯论》《管仲论》《贾谊论》《晁错论》《孙武论》《孟轲论》《荀卿论》等，苏辙《尧舜论》《管仲论》《汉高帝论》《汉文帝论》《汉景帝论》《汉武帝论》等的人物专论，气势纵横，文辞瑰丽，见

---

① 刘知幾：《史通》，时代文艺出版社2008年版，第13页。

解独特，开启《史记》评论风气。王安石、晁补之等人的《史记》诗评别具一格。王安石既有《读孟尝君传》《书刺客列传后》《子贡论》《伯夷论》《周公论》等人物专论，还有评价历史人物的诗论作品《张良》《乌江亭》《范增》等，更有赞扬司马迁发愤著书的诗篇《司马迁》。

元代著名戏剧家纪君祥、梁辰鱼通过戏剧创作，使《史记》人物形象别开生面地活跃在元杂剧的大舞台上。纪君祥《赵氏孤儿》以《史记·赵世家》为本事来源，通过虚实相生的艺术构思，使《赵氏孤儿》成为一部著名的悲剧。梁辰鱼《浣纱记》，取材于《史记·越王句践世家》《吴越春秋》和《越绝书》，通过西施、范蠡的悲欢离合，演绎吴越春秋历史兴亡故事。

明代茅坤、凌稚隆等评点《史记》，于亮点阐释中抒怀醒世。凌稚隆《史记纂》是明清至今影响较大、流传较广泛的《史记》评点本之一，集中表现了凌稚隆对《史记》独特的见解。其最大特色是从文学角度评点《史记》的章法、叙事、写人、语言、风格等诸多方面。如评价《五帝本纪》云:"此文古质奥雅,词简意多而断制不苟,盖赞语之首,尤为超绝云。"评价《高祖功臣年表》云:"尔雅之文。"评价《万石君张叔列传》云:"传中凡用'恭敬''醇谨''孝'等字,一篇领袖。"都肯定了《史记》语言生动、准确、灵活的特点。同时还肯定了《史记》的艺术风格。如评价《游侠列传》云:"此传气势阔达,正史公愤激著书处。"评价《秦始皇本纪》云:"太史公补叙秦人兴亡本末,如指诸掌,行文有法度,议论有义理,开合起伏,精深雄大,真名世之作。"凌稚隆用"气势阔达""精深雄大"来概括《史记》的艺术风格,是很有价值的,既阐明了《史记》风格的多样性,又能给读者以启迪[1]。

清代梁玉绳、钱大昕、赵翼、王鸣盛、王念孙等,将《史记》考据推向顶峰。梁玉绳《史记志疑》、钱大昕《廿二史考异》、赵翼《廿二史札记》、王鸣盛

---

[1] 参见师帅:《〈史记纂〉:一部普及和研究〈史记〉的优秀选本》,《博览群书》2014年第1期。

《十七史商榷》、王念孙《读书杂志·史记杂志》等，通过匡谬正疵，探本溯源，在《史记》考据方面取得了重要成就。桐城派方苞、刘大櫆、姚鼐等，把《史记》文章艺术美的研究推进到了新阶段。其中方苞首次用"义法"评论《史记》，在清代影响巨大。《方苞集·又书货殖传后》云："义即《易》之所谓言有物也，法即《易》之所谓言有序也。义以为经而法纬之，然后为成体之文。""言有物"是说文章要有思想内容；"言有序"是说文章要讲究表现形式。[1]方苞在具体论述时，常常把二字合在一起，有时称为"史法"，有时称为"史义"，认为史书记载内容和记载形式要统一。在《古文约选序例》中，方苞称赞道："义法最精者莫如《左传》《史记》。"如"十篇之序，义并严密而辞微约，览者或不能遽得其条贯，而义法之精密，必于是乎求之，始的焉其有准焉"。可见，方苞是从内容与形式相结合的角度评价《史记》的文学价值的。方苞的义

---

[1] 参见张新科、俞樟华：《史记研究史及史记研究家》，载张大可、丁德科主编：《史记论著集成》第十三卷，商务印书馆2015年版，第205页。

法说在清代影响极大，桐城派诸家及受其影响的清代其他学者在研究《史记》时，既注意探讨其表现技巧和方法，又重视分析其丰富的内容。

　　清末至新中国成立前的《史记》研究学者中，当数著名文史学者王国维、梁启超、鲁迅、钱锺书、李长之等人。鲁迅先生作为中国文化的巨匠，对司马迁与《史记》也做了许多精辟的评述，其对司马迁与《史记》的评价，主要见于《汉文学史纲要》中。在《汉文学史纲要·司马相如与司马迁》一文中，鲁迅先生在全面分析了《史记》产生的原因和条件，《史记》的思想、艺术特色后，接着议论道："恨为弄臣，寄心楮墨，感身世之戮辱，传畸人于千秋，虽背《春秋》之义，固不失为史家之绝唱，无韵之《离骚》矣。"仔细品读这段评论，激愤中包含着赞扬，赞扬中蕴含着真知灼见。他激愤一个才、胆、力、识集于一身的史学家竟然遭受宫刑这样的奇耻大辱；认为发愤著书是司马迁完成《史记》的动因，所以他把自己的情、心、恨都铸于人物之中；从史学和文学两个方面，高度赞扬《史记》所取得的罕有伦比的成就:"为史家之绝唱,无韵之《离骚》"。可谓经典论断!

新中国成立以后史记研究专家有白寿彝、季镇淮、陈直、郭沫若、程金造等著名学者。在台湾的学者当数施之勉、王叔岷。日本著名学者泷川资言、斋堂正谦等,是日本史记学人的杰出代表。

二、当代史记学人及其特征

江山代有才人出,各领风骚数百年。20世纪80年代以来,《史记》研究空前繁荣。有学者统计出,《史记》研究者多达一千四百多人。可永雪、韩兆琦、施丁、杨燕起、张大可、袁传璋、安平秋、王立群、徐兴海、徐日辉、梁建邦等,台湾学人李伟泰、林聪舜等,长期致力于《史记》研究,老当益壮,成果丰硕;陈桐生、俞樟华、张强、赵生群、张新科、丁德科、池万兴、凌朝栋、田志勇、陈曦等,是中青年学人,活跃在《史记》研究前沿,集成创新,力推佳作,蔚为大观。海外的司马迁与《史记》研究,态势看好!日本藤田胜久,韩国朴宰雨,美国巴顿·华兹生、倪豪士，俄罗斯越特金，丹麦古诺·斯万等都是研究司马迁与《史记》的大家。中外众多学人对《史记》的研究与传播，推动了史记学研究的广泛深入与大众普及。

纵观20世纪80年代以来的史记学人，在他们身上体现出以下特征：

首先，他们既是《史记》研究家，也是《史记》人文精神的践行者。这些史记学人，有内地大江南北的学者、港澳台学者，也有海外学者。他们虽然从事的职业不同，但都是司马迁的敬仰者、学习者和研究者，是司马迁思想的践行者、传播者、宣传者。可永雪、宋嗣廉、韩兆琦、杨燕起、张大可、袁传璋、王立群、徐兴海等是学界前辈，在《史记》研究领域享有盛誉。可永雪是内蒙古师范大学教授，中国史记研究会常务理事，代表作有《史记文学成就论稿》《走进史记人物长廊——史记人物论》《史记文学研究》等。韩兆琦是北京师范大学中文系教授，中国古代文学先秦两汉文学研究方向博士生导师，中国史记研究会顾问，代表作有《史记通论》《史记题评》《史记选注集说》等。张大可是中央社会主义学院教授，中国史记研究会会长，渭南师范学院中国司马迁与史记研究院名誉院长，代表作有《史记研究》《史记文献研究》《司马迁评传》《史记通解》等。杨燕起是北京师范大学教授，中国史记研究会常务理事，代表作有《历代名家评史记》《史记精华导读》《史记的学术成就》等。袁传璋是安徽师范大学文学院教授，中国史记研究会常务理事，论文《史记版本源流、叙事断限及主题迁变考论》《程金造之"〈史记正义佚存〉伪托说"平议》《为卫宏之司马迁"下狱死"说辩诬补证》《王国维之司马迁"卒年与武帝相终始"说商兑》等有较高的学术价值。王立群是河南大学文学院教授，中国史记研究会顾问，代表作有《王立群读史记之汉武帝》。徐日辉、俞樟华、张强、赵生群、张新科、丁德科、池万兴、凌朝栋等，是目前活跃在《史记》研究前沿的学者。徐日辉是浙江工商大学人文学院教授，中国史记研究会副会长，代表作有《史记八书与中国文化研究》《史记札记》等。俞樟华是浙江师范大学教授，中国史记研究会副会长，代表作有《史记新探》《唐宋史记接受史》《史记通论》《史记研究史略》等。张强是淮阴师范学院教授，淮阴师范学院副院长，中国史记研究会副会长，代表作有《司马迁与宗教神话》《司马迁学术思想探源》。赵生群是南京师范大学教授，中国史记研究会副会长，代表作有《太史公书研究》《〈史记〉导读辞典》《〈史记〉文献学丛稿》《〈史记〉文献与编纂研究》等。张新科是陕西师范大学教授，中国史记研究会副会长，陕西省司马迁研究会会长，代表作有《史记研究史略》《史记与中国文学》《史记学概论》等。丁德科是渭南师范学院党委书记、教授，著有《从〈老子〉到〈史记〉一统思想论稿》等；主持创建渭南师范学院中国司马迁与史记研究院，并兼任院长；与张大可推出《史记通解》（九册）、《史记论著集成》二十卷）；与段国超等推出《史记人物辞典》，专期主编《司马迁与〈史记〉研究年鉴》《〈史记〉选本丛书》（已至十七部）；与马雅琴、梁建邦合著的论文《论司马迁精神》，对司马迁精神做了总结与阐述。池万兴是西藏民族大学副校长，中国史记研究会副会长，代表作有《司马迁民族思想阐释》《史记与民族精神》。朱枝富工作于江苏省发改委，代表作有《司马迁学术思想大观》《司马迁治世思想大论》《司马迁经济思想大义》等。台湾学人李伟泰是台湾大学中文系教授，中国史记研究会常务理事，代表性论文有《司马迁对萧何的褒扬与贬抑》《〈史记·循吏列传〉的批判艺术》《论刘、项胜负的根本原因》《项羽对秦政策之检讨》等。台湾学人林聪舜是台湾清华大学教授，中国史记研究会常务理事，代表作有《史记的人物世界》。

其次，众多学人发挥职业优势，为《史记》的传播与普及做贡献。

新时期的史记学人，来自各行各业，其中以高校教师为主体。他们以三尺讲台为依托，传播、宣传、普及《史记》，并为《史记》研究培养出一批学术研究力量，使《史记》科学研究队伍富有朝气与活力。

开设《史记》研究课，是众多高校学人从事传播、普及《史记》的重要途径。《史记》教学的历史源远流长。据《北史》记载，早在隋代，《史记》已经被列为国子监教学内容。唐代以后，《史记》被列为科举考试的必读书目。到了近现代，梁启超、鲁迅、朱自清、叶圣陶、朱东润、陈垣等大师，都在大学的课堂上讲授过《史记》。但《史记》研究课真正进入高校是20世纪80年代以后。可永雪、张大可、韩兆琦、袁传璋、梁建邦等较早开设《史记》研究课。进入21世纪后，不仅向研究生开，而且面向本科生、函授生、远程教育的电视大学学生等。层次多样的《史记》课程，使青年学生对《史记》越来越多地学习，了解《史记》所蕴含的文化价值，深刻感受司马迁的人格魅力，沐浴在《史记》的人生智慧的阳光里，于内心深处热爱优秀传统文化。从事研究司马迁与《史记》的研究生，特别是博士研究生进入司马迁与《史记》研究队伍，正得益于此。

　　编写《史记》教材，是众多高校学人从事《史记》课堂教学研究的结晶，也是传播、普及《史记》的重要途径。较早开设《史记》选修课的学人，都是以自己的《史记》研究成果为主导，编写教材，在本校使用。如张大可《史记通论》《史记选讲》，韩兆琦《史记讲座》，梁建邦《史记论稿》等。随着《史记》教学多层次、多方位的拓展，2002年3月，中国史记研究会组织二十八所高校史记学人，安平秋、张大可、俞樟华为主编，编辑出版了《史记教程》，旨在为高等院校开设《史记》课程提供通用教材。此书是一部学术论著型教材，深受广大《史记》爱好者的欢迎。为了更好地适应《史记》教学，2009年，陕西师范大学张新科主编、多所高校学人参与撰著《史记概论》(《史记导读》)教材，先后由陕西师范大学出版社、高等教育出版社出版。全书十二章，围绕《史记》基本问题展开，力求深入浅出、简约、通俗，为青少年学生乐学乐谈。这些《史记》教材，倾注着学人对司马迁与《史记》的敬仰挚爱，凝聚着学人的心血与智慧，透视出中华人文精神，对普及和研究司马迁与《史记》，以及传承弘扬祖国优秀传统文化，具有积极而深远的意义。

立足新时代，从事《史记》传播的学术活动，使更多的人了解《史记》，传承《史记》所反映的人文精神，是当代学人义不容辞的责任。王立群从2007年起，连续五年做客中央电视台"百家讲坛"栏目，录播"王立群读《史记》"系列讲座并出版相关图书，受到广大听众、读者的好评。2007年，韩兆琦做客北京电视台"中华文明大讲堂"，主讲《史记》系列专题。2010年，张大可做客中国国家图书馆"中国典籍与文化"讲座，主讲《史记》二十二个专题。张新科、俞樟华、张强、赵生群、凌朝栋等，以切实的学术活动从事司马迁与《史记》的研发与传播。

从事各种媒体、出版、行政等工作的史记学人，在各自的工作岗位上，为《史记》的普及和传播努力着。特别是商务印书馆史记学者丁波编审，主持策划出版一系列司马迁与《史记》研究著作，如2015年商务印书馆出版了《史记通解》（九册）、《史记论著集成》（二十卷）、《史记论丛》（六卷）三大系列性、标志性、高质量著作；接下来将推出《史记疏证》（两千万字），为司马迁与《史记》研究最新重大成果。

玖 台

"台",即司马迁与《史记》研究平台。学界普遍认为,传统《史记》研究,基本上都是个人自主研究,没有集体交流和协作。笔者在对古代书院的逐步研究中发现:在古代书院里,师生不仅学习《史记》,也进行一定范围的学术交流。书院在某种程度上是古人传播、普及司马迁与《史记》的研究平台。

一、古代书院对司马迁与《史记》的传播普及

  书院是我国古代民间的教育机构，是传道授业的重要阵地，是培育人才的重要机构。柳诒徵《中国文化史》云："书院之名起于唐，至五代而有讲学之书院。宋、元间儒者多于书院讲学，其风殆盛于国庠及州郡之学，迄明清犹然。"在宋、元、明、清时期，书院高于蒙学。明代及清雍正以前，以私立为主，到清雍正十一年后，虽有私人创立和赞助者，但书院逐渐官学化。作为主持书院院务的山长，一般由知名学者担任，他们德才兼备，精通经史，其主要职责是主持教学，引领学术，掌握祭祀，以书院"法人"身份参与社会活动。在唐代奠定了《史记》史宗的地位以后，

到了宋代，它成为书院学生学习的内容之一。宋代朱熹、司马光、范仲淹，明代金圣叹，清代章学诚、李兆洛、钱大昕、刘熙载、吴汝纶等著名学者，既是研究司马迁与《史记》的大家，也都做过书院的山长，他们都不同程度地利用书院这个平台，研究、传播、普及司马迁与《史记》。

"前人建书院，本以待四方士友，相与讲学，非止为科举计。"① 在朱熹看来，书院应该以儒家传统最基本的伦常原则与精神来教化学生，不以科举为目的，注重身心修炼，培养传道济民的人才。所以，朱熹以"传道济民、敦励民风"为己任，创书院，建精舍，开领书院讲学之风。他先后在二十所书院讲学，从事教育事业五十余年。为了实现书院的宗旨，朱熹要求学生首先读"四书""五经"，以后再读史书。从理学的观点出发，朱熹对司马迁和《史记》进行了评价。《朱子语类》是朱熹与学生问答的语录汇编，是以口语式

---

① 黎靖德编，杨绳其、周娴君校点：《朱子语类》第一册，岳麓书社1997年版，第2388页。

的文体，记载朱熹与学生之间的对话。其中有许多对话，既体现了朱熹对司马迁与《史记》的研究，也体现了朱熹对司马迁与《史记》的传播。当学生问读史之法时，朱熹提出应"先读《史记》及《左氏》，却看《西汉》《东汉》及《三国志》。次看《通鉴》"；当饶宰问读《通鉴》与读正史的关系时，朱熹说道："《通鉴》难看，不如看《史记》《汉书》。《史记》《汉书》事多贯穿，纪里也有，传里也有，表里也有，志里也有。"面对学生的质疑问难，朱熹不厌其烦，认真解答，鼓励学生学习、研读《史记》《汉书》。朱熹认为，评价史学著作的重要标准，就是史著要阐述义理，便可以经世致用。从这个标准出发，他对司马迁与《史记》，既有批评，也有肯定。朱熹曰："司马迁才高，识亦高，但粗率。太史公书疏爽，班固书密塞。""班固作《汉书》，不合要添改《史记》字，行文亦有不识当时意思处。如七国之反，《史记》所载甚疏略，却都是汉道理；班固所载虽详，便却不见此意思。"肯定司马迁杰出的史学才能，批评司马迁的直率和粗略。朱熹对弟子说:"如司马迁亦是个英雄,文字中间自有好处。只是他说经世事业,只是第二三著,如何守他议论!……不直截以圣人为标准,却要理会第二三著,这事煞利害,千万细思之!"在这里,朱熹肯定司马迁"亦是个英雄",也承认《史记》文字中"自有好处",但批评司马迁把经世事业放在次要位置,要学生们认真研究思考。可见,朱熹在书院传授式的知识讲座中,对司马迁与《史记》理性地学习分析,进行了广泛地传播。

书院既是教学机构,也是学术研究机构。除了传授式的知识讲座外,书院还开展论辩式的学术讲会,这种论辩式的学术讲会,实际上就是学术界的争论,其目的在于创建学派,培养后学、传播学术。南宋著名理学家、史学家吕祖谦,字伯恭,是朱熹一生要好的朋友、学友。他们曾在衢州石岩寺举行了著名的"三衢之会"①。在"三衢之会"论辩中,两人在对待司

---

① 参见刘玉民:《吕祖谦与朱熹交游述论》,《河南师范大学学报》(哲学社会科学版)2013年第2期。

马迁评价问题上发生了争执。关于这次争执，朱熹在后来的教学过程中做了呈现。《朱子语类·吕伯恭》记载："伯恭、子约宗太史公之学，以为非汉儒所及。某尝痛与之辨。子由《古史》言马迁'浅陋而不学，疏略而轻信'。此二句最中马迁之失。伯恭极恶之。……迁之学，也说仁义，也说诈力，也用权谋，也用功利。然其本意，却只在于权谋功利。孔子说伯夷'求仁得仁，又何怨'！他一传中首尾皆是怨辞，尽说坏了伯夷。……圣贤以六经垂训，炳若丹青，无非仁义道德之说。今求义理，不于六经，而反取疏略浅陋之子长，亦惑之甚矣。"这段记载，反映了两人学术上的分歧。朱熹用"理"的观点评价衡量司马迁与《史记》，同意苏辙对司马迁"浅陋而不学，疏略而轻信"的评价，批评司马迁讲仁义道德太少，心底里赞成权谋、功利。通过如此争鸣，推动了司马迁与《史记》的传播，促使学生深入探讨研究司马迁与《史记》。

　　建于明神宗万历年间的关中书院，规定儒家的"四书五经"为学生的必读书籍，同时还提倡学生旁通其他四部经书与《史记》《汉书》《资治通鉴》及《性理大全》等著作。

到了清雍乾之际，由于清政府的大力提倡和扶持，书院进入兴盛时期。雍正积极推行书院政策，命直省省城设立书院，各赐帑金千两为营建之费，书院的创建进入高峰期；乾隆年间全面扶持书院，如乾隆元年有上谕称："凡书院之长，必选经明行修、足为多士模范者，以礼聘请；负笈生徒，必择乡里秀异、沉潜学问者，肄业其中……酌仿朱子《白鹿洞规条》，立之仪节，以检束身心；仿《分年读书法》，予之程课，使贯通乎经史。"① 同时还赐费用、赐书、赐额。乾隆十六年有上谕称："经史，学之根柢也。会城书院聚黉庠之秀而砥砺之，尤宜示之正学。朕时巡所至，有若江南之钟山书院，苏州之紫阳书院，杭州之敷文书院，各赐武英殿新刊《十三经》《二十二史》一部，资髦士稽古之学。"② 可见，经史已经成为书院主要的教学内容，作为史学的

---

① 陈谷嘉、邓洪波：《中国书院史资料》（中册），浙江教育出版社1998年版，第857页。
② 陈谷嘉、邓洪波：《中国书院史资料》（中册），浙江教育出版社1998年版，第855页。

代表作《史记》,已经成为学生学习史书的典范之作。

清代学者、文学家李兆洛,主讲江阴暨阳书院二十多年,"教读《通鉴》《通考》,以充其学;选定《史记》《汉书》《春秋繁露》《管子》《吕氏春秋》《商子》《韩非子》《贾子新书》《逸周书》《淮南子》目录,以博其义"[①]。著名史学家章学诚,一生以讲学著书为己任,先后主讲过定州的定武书院、肥乡的清漳书院、永平的敬胜书院、保定的莲池书院、归德的文正书院等。他亲自制定书院教学内容,认为经史乃学问之"根柢",提出"盈天地间,凡涉著作之林,皆是史学"[②]。章学诚对司马迁与《史记》怀着十分崇敬的心情,在书院的教学中,大力倡导史学,要求学生学习《史记》等史书。章学诚认为,"而学论赞,必读司马迁书"。因为"史迁论赞之文,变化不拘,或综本篇大纲,或出遗闻轶事,或自标其义理,或杂引夫《诗》《书》,其文利钝杂陈,华朴互见。所以尽文章之能事,

---

① 陈谷嘉、邓洪波:《中国书院史资料》(中册),浙江教育出版社1998年版,第499页。
② 章学诚:《章学诚遗书》,文物出版社1985年版,第86页。

为著述之标准也",所以,"纪传仿其论赞,书表仿其序论,文章体制,论赞欲其抑扬咏叹,序论欲其深厚典雅,论事论人,拟书拟谏之后,学为序例,而变迁其境,其体亦几于备矣"。[1]他认为《史记》"尽文章之能事",是后代史书的楷模,是学习写作的标准范本,因此,他引导学生学习《史记》等史书。"家若稍有余资,则经部之《十三经》与《大戴》《国语》,史部之《史记》《汉书》《资治通鉴》……皆不可缺。"[2]可见其对《史记》的推崇与传播。

著名文艺理论家刘熙载,晚年主讲上海龙门书院十四年。作为著名学者,他不仅教书育人,而且著书立说,在龙门书院任教期间,曾对自己历年来谈文论艺的札记做了集中整理和修订,撰成文艺理论著作《艺概》。《艺概》以语录体的形式,论述文、诗、赋、词、书法等体制的流变、性质特征、表现技巧,并对重要作家作品进行评论。在《艺概》中,刘熙载对司

---

[1] 章学诚:《章学诚遗书》,文物出版社1985年版,第684—685页。
[2] 章学诚:《章学诚遗书》,文物出版社1985年版,第679页。

马迁与《史记》进行了多角度的评断。据统计,《艺概》共有六十一则谈到司马迁及其《史记》[1]。"大抵儒学本《礼》,荀子是也;史学本《书》与《春秋》,马迁是也;玄学本《易》,庄子是也;文学本《诗》,屈原是也。后世作者,取涂弗越此矣。"他认为《史记》是史学上的经典之作,后世难以逾越。

简言之,历史上许多《史记》研究大家,将书院作为学术研究与创新的基地,利用书院这个平台,或向学生讲授《史记》,宣传自己的学术观点;或倡导、引领学生学习《史记》等典籍;或著书立说,在讲学过程中完成自己的学术成果。他们以书院为平台,开展司马迁与《史记》教学与研究,传承弘扬司马迁精神(或曰《史记》精神),为司马迁与《史记》的普及与传播做出了积极贡献,为人们所敬仰。

---

[1] 参见田蔚:《刘熙载〈艺概〉论〈史记〉》,《广东技术师范学院学报》2011年第3期。

二、当代多层次、立体化、网络化的研究平台

20世纪80年代以后,随着《史记》的日益普及,形成了多层次、立体化、网络化的研究平台。有《史记》研究的学术机构,有发表《史记》论文的学术期刊,有司马迁与《史记》研究年鉴,有中国史记研究网和重视刊登司马迁与《史记》研究动态的网媒等。这种以学术机构为核心,有组织、有计划、有机制的司马迁与《史记》研究格局,使司马迁与《史记》研究走向常态化、体系化、信息化。

关于现今《史记》研究的学术机构,我们先从司马故里韩城说起。1985年3月,韩城市成立司马迁学会,这是改革开放后全国第一个研究司马迁和《史

记》的学术机构。三年后的1988年，陕西师范大学成立史记研究室，后更名为史记研究中心。又四年后的1992年，陕西省司马迁研究会成立。又三年后的1995年，地处司马故里渭南市的渭南师范专科学校成立史记研究室，渭南师范学院在此基础上于2013年建立中国司马迁与史记研究院。这些研究机构的成立，使陕西成为研究司马迁与《史记》的重地。2001年4月，中国史记研究会成立，2013年12月，北京史记研究会成立。以及一些高校专家学者在各自学术平台开展司马迁与《史记》研究等，表明我国学术界关于司马迁与《史记》研究已经形成良好格局。这些学术机构，各自开展司马迁与《史记》学术研究，更相互交流合作，共同推动司马迁与《史记》研究与普及广泛深入开展。

司马迁与《史记》学术会议，是团结国内外专家学者开展学术研究的重要学术交流平台，也是相沿相通并进一步协同攻关的学术沙龙。司马迁与《史记》研究学术会议，似乎也有"墙内开花墙外香"的问题。

苏联 1955 年末曾经举办，而我国可查到的包括专门的学术会议最早是 1987 年。"1955 年 12 月 22 日，苏联对外文化协会东方学部和苏联科学院东方研究所在莫斯科举行会议，纪念司马迁诞辰 2100 周年，东方学家、高等学校的教师和研究中国历史、语言、文学的青年学者以及中国驻苏联大使馆的工作人员出席了会议。……这次会议，是《史记》研究史上第一次学术性会议。"① 可查到的最早一次全国性的《史记》学术会议，是 1987 年 5 月在北京师范大学召开的"北京全国《史记》座谈会"②。韩城市司马迁学会成立后，曾举办多次专题研讨会，如 1988 年 5 月和陕西师范大学联合举办的"陕西西安全国《史记》学术研讨会"。陕西省司马迁研究会成立后，举行了多次国内、国际《史记》学术研讨会。如 1995 年 8 月与陕西师范大学、秦始皇兵马俑等联合举办的"纪念司马迁诞辰 2140 周年

---

① 张新科：《史记学概论》，商务印书馆 1982 年版，第 306 页。
② 参见张新科：《史记学概论》，商务印书馆 1982 年版，第 307 页。

国际学术讨论会",来自海内外代表110余人参加了会议。中国史记研究会成立至今,先后成功举办了14次年会。在司马迁故里,陕西韩城市2005年8月,举办"'纪念司马迁诞辰2150年韩城国际《史记》学术研讨会'暨中国史记研究会第四届年会";渭南师范学院2015年10月举办"《史记》与人文精神——纪念司马迁诞辰2160周年学术会议暨中国史记研究会第十四届年会",共有150名海内外专家学者和本校师生600多人次参与了会议的学术论坛与主题发言、交流考察等活动。一系列的学术会议,凝聚学人开拓进取,助力《史记》研究纵深开展。同时,随着一批才华横溢的高学历年轻人才的加入,给《史记》研究与普及带来了新的生机和活力,呈现出蓬勃发展的可喜态势。

为了及时把握学术热点,跟踪司马迁与《史记》研究的最新动态和新内容,渭南师范学院的全国优秀社科普及基地中国司马迁与史记研究院,积极、切实、创造性地开展研究工作,创办"司马迁与史记研究网";编撰出版《司马迁与〈史记〉研究年鉴》;办好

《渭南师范学院学报》教育部名栏"司马迁与《史记》研究"栏目，是全国性司马迁与《史记》研究学术交流阵地。坚持举办全国性学术论坛；坚持撰著出版成系列、标志性、富有独创性的论文著作。

三、多层次研究平台的成绩

组织学人协同创新，撰著出版重大课题研究成果，深入广泛开展学术研究，推进司马迁与《史记》研究大众化，是《史记》研究平台最重要的成绩。

全国范围的各类《史记》研究机构，本着广泛联系国内外史记学人，大力推进司马迁与《史记》学术研究与普及的目标，充分发挥团体优势，有组织、有计划地开展集体攻关，研究成果接连问世。中国史记研究会出版了高质量的会议论文集《史记论丛》（十二册），发表论文八百九十七篇[①]。中国史记研究会与渭

[①] 参见张大可等：《"〈史记〉与人文精神"学术论坛（二）》，《渭南师范学院学报》2015年第23期。

南师范学院合作推出《史记论著集成》(二十卷)、《史记通解》(九册)、《史记论丛》(六卷)。陕西省司马迁研究会组织专家学者出版《司马迁与华夏文化》丛书(二十三册),编辑出版《司马迁与史记论文集》(九集)。韩城市司马迁学会编辑出版《司马迁祠碑石录》《司马迁与太史祠》等二十册著作。陕西师范大学史记研究中心组织出版《史记文学研究典籍丛刊》五册;张新科教授主持国家社科基金重大招标项目《中外〈史记〉文学资料整理与研究》。渭南师范学院中国司马迁与史记研究院编辑出版《〈史记〉选本丛书》(十七部)。南京大学文学院徐有富教授评价《〈史记〉选本丛书》说:"别开生面,颇能拓宽与深化《史记》文献整理与研究的领域。"渭南师范学院中国司马迁与史记研究院张大可、丁德科撰著出版《史记观止》(商务印书馆),由雷来富等组织英译,于2016年出版(武汉大学出版社)。

促进海峡两岸史记学者的广泛交流与对话,推动《史记》研究与普及国际化,这是《史记》研究平台又一成绩。

作为历史文化巨人，司马迁是中国的，也是世界的；司马迁的《史记》，不仅是中华文化之瑰宝，也是全人类文化遗产之瑰宝！司马迁与《史记》研究，中国专家学者应重视研究，同时需要海内外专家学者的研究，更需要中外学者的对话交流。20世纪80年代以后，随着改革开放和中外文化交流的日益紧密，司马迁与《史记》研究的海内外对话交流渐成常态，这无疑得益于相关学术机构及其学术交流活动。值得记起的是较早开展海内外学者面对面对话交流的是1995年8月在陕西师范大学召开的"纪念司马迁诞辰2140周年国际学术讨论会"。美国、日本、韩国等学者与会！国内史记研究机构每年召开《史记》研讨会，邀请海外学者出席。2005年8月，由中国史记研究会、韩城市人民政府等单位主办的"纪念司马迁诞辰2150周年暨国际学术研讨会"，出席会议的有美国威斯康星大学倪豪士教授、日本爱媛大学藤田胜久教授、日本就实大学李开元教授、日本奈良女子大学谷口洋副教授、日本富山大学大野圭介副教授等十三位海外学者。他们的到来，给国内学者带来了国外研究司马迁与《史记》的新动态、新思路和新成果，激发了中国学者和海外学者学术思想的交流与碰撞。中国史记研究会举办的十四次年会，基本上都有海外学者参加，如2015年10月在渭南师范学院举办的"《史记》与人文精神——纪念司马迁诞辰2160周年学术会议暨中国史记研究会第十四届年会"，日本爱媛大学名誉教授藤田胜久，韩国著名学者、东国大学校国际语学院院长兼中语中文学科教授朴永焕等六人赴会，藤田胜久教授、朴永焕教授被增补为研究会名誉理事。

20世纪80年代以后，我国香港、澳门和台湾的专家学者赴内地参加各种形式的《史记》学术会议人数逐年增多。"据统计，2001—2014年间，台湾有七十人次参加中国史记研究会学术会议，仅台湾大学李伟泰教授参加《史记》会议就达12次。"[①] 国内各种形式

[①] 李伟泰：《中国史记研究会在推动海峡两岸〈史记〉学者交流的贡献》，载张大可主编：《中国史记研究会十五年》，中国文史出版社2015年版，第124页。

的《史记》研究机构，及其举办的各种类型的学术会议，既为海内外学者提供了以文会友、以文交友的平台，为推动司马迁与《史记》研究的国际化做出积极而重要的贡献。

促进《史记》研究与现实社会紧密结合，为当地文化旅游发展出谋划策，这是《史记》研究平台接地气的成绩。

学术研究与交流的切实性和创造性，也表现为服务地方文化资源保护与开发。司马迁撰写《史记》，不仅要对先秦时期史学做系统总结，更要为西汉王朝的长治久安以至后世经济社会发展探求对策。作为研究、传播、普及宣传司马迁与《史记》的学术机构，其成员在感怀先贤传承创新的同时，也在以实际行动践行和弘扬着司马迁与《史记》的学术思想与人文精神。"中国史记研究会2001年举办'泰伯奔吴'研讨会，启动了吴文化研究，如今已成为无锡市常年举办的吴文化艺术节的主题内容。"[1] 2006年8月中国史记研究会在

---

[1] 张大可：《记中国史记研究会成立十五年》，《博览群书》2015年第7期。

河南荥阳市举办"《史记》与楚汉战争学术研讨会暨中国史记研究会第五届年会",与会专家学者到古成皋城遗址实地考察,看到成皋古城墙岌岌可危的现状,颇为震惊,遂发起拯救成皋古城的倡议。"2006年9月1日,河南省委书记徐光春知道此事后,立即批示有关部门和领导采取措施,协调解决保护问题。"[1] 如今成皋城遗址已经成为河南省第四批文物保护单位。2016年4月1日在司马故里韩城市举行"品史记文化·探故事韩城——2016《史记》国际高峰论坛"。韩城市政府特邀中国史记研究会会长张大可教授、秘书长陈曦教授,渭南师范学院中国司马迁与史记研究院院长丁德科教授和陕西省司马迁研究会会长张新科教授莅临会议,就"挖掘《史记》历史人文价值,传承推动文创产业的发展"等话题互动解答,并为韩城市的文化旅游产业献计献策。韩城市正在进行"国家文史公园"项目,打造人文旅游中心地。

---

[1] 庞德谦等:《司马迁与〈史记〉研究年鉴》2007卷,陕西人民出版社2007年版,第91页。

拾

质

"质"即司马迁精神，或曰《史记》精神。这不仅是司马迁与《史记》的精华所在，更是中华民族精神的重要组成部分，在不同的历史时期，为仁人志士、有责匹夫所弘扬。历代研究者立足《史记》文本，探索、阐发、提炼、概括司马迁精神，进而对其内涵进行全面、系统地研究，发表了许多富有见地的观点。

一、司马迁精神研究历程

学者们对于司马迁精神，或曰《史记》精神的研究，经历了由只言片语的评论到长篇专论的论述，由微观局部研究到宏观全面、深刻、系统把握的过程，使司马迁精神深入人心，历久弥新！

汉魏六朝是《史记》研究的开创期，也是司马迁精神阐发、挖掘的初始阶段，这一时期出现的零散的《史记》文学评论表现了对司马迁精神的关注。东汉中期以后，《史记》在社会上得到比较广泛的传播，对《史记》的流传，深表惊叹！司徒王允说："昔武帝不杀司马迁，使作谤书，流于后世。"[①]魏明帝云："司

---

① 范晔：《后汉书》，中华书局1965年版，第2006页。

马迁以受刑之故，内怀隐切，非贬孝武，令人切齿。"①东汉扬雄在《法言·重黎篇》云："太史迁，曰实录。"明确道出司马迁精神的特质，肯定是"实录"。扬雄提出司马迁"实录"精神的命题之后，历代学者对《史记》实录精神持续进行讨论和丰富，《史记》实录之内涵与特征得到充实和发展。对于《史记》五体编撰方式，当时有模仿和首创两种观点，班彪认为《史记》五体非模仿而为司马迁所"作"，晋人张辅进一步肯定了司马迁在体例上的创新精神。

到了唐代，尊《史记》为正史之首，《史记》研究走向全面与深入，学者从不同的角度论及司马迁精神。史学家司马贞、张守节、刘知幾、皇甫湜等对司马迁《史记》易编年为纪传编纂体例进行了评论，肯定司马迁的创新精神。皇甫湜《编年纪传论》说："首尾具叙述，表里相发明，庶为得中，将以垂不朽。"盛赞司马迁的创始之功，认为可以传之不朽。古文运动的兴起，

---

① 陈寿：《三国志》，中华书局1982年版，第418页。

文人们对《史记》给予了高度的重视，使《史记》所蕴藏的丰富的文学宝藏得以前所未有的开发，也为司马迁精神深入研究奠定良好基础。

宋代，刊刻《史记》和评论《史记》，成为这一时期司马迁与《史记》研究最重要的两个方面。《史记》评论学者较多，仅《史记评林》引用的就有四十多位，郑樵、苏洵、苏辙、马存、朱熹、叶适、刘辰翁、黄履翁、洪迈等都对《史记》做过认真的分析。相较唐人而言，宋代学者《史记》研究更侧重于文学方面，《史记》文学评论的核心重在分析《史记》叙事和写人，从《史记》互见法、多样风格、语言运用、章法结构、文章韵味等方面肯定了司马迁的创新精神。唐庚《文录》认为："司马迁敢乱道，却好；班固不敢乱道，却不好。"认为司马迁敢于不以圣人之是非为是非，勇于自创新说，肯定了司马迁的创新精神。司马迁较早为侠立传，并提出种种"侠"的概念。《史记》对侠义之士言必信、行必果、赴士之困厄的侠义精神给予了特别礼赞。宋人对司马迁的侠义精神进行了阐释。张耒云:"司马迁尚气好侠,有战国豪士之余风,故其为书,叙用兵、气节、豪侠之事特详。"[1] 认为司马迁有侠义精神。苏辙、马存则从司马迁周游天下、广泛交友等角度论述其侠义精神形成的根源。苏辙云:"太史公行天下,周览四海名山大川,与燕赵间豪俊交游,故其文疏荡,颇有奇气。"[2]

元代由于整个社会学术风气不浓,可以说是《史记》研究相对薄弱的时期。在数量不是很多的《史记》评论中,仍然显示出元代文人探究司马迁精神的努力。元人继承宋人的观点,对《史记》"创法立制"功绩是肯定的,对司马迁的创新精神是高度赞赏的,如刘因指出:"史之兴,自汉氏始。"元代学者肯定了司马迁的批判精神,如赵汸《东山存稿·读货殖传》认为:"《货殖传》当与《平准书》参看。《平准书》是讥人臣横敛以佐人主之欲,《货殖传》是讥人主好货,使四方

---

[1] 张新科、俞樟华:《史记研究史及史记研究家》,载张大可、丁德科主编:《史记论著集成》第十三卷,商务印书馆2015年版,第427页。
[2] 苏辙:《苏辙集》,中华书局1990年版,第381页。

皆变其俗趋利。"

明人在《史记》研究方面最大的成就是评点《史记》。除综合性的评论外，大部分是逐篇评点批注，即"评点""评钞"，此类著作多达三十余种，如杨慎《史记题评》、唐顺之《荆川先生精选批点史记》、董份《董浔阳史记评钞》、凌稚隆《史记纂》、何孟春《何燕泉史记评钞》、王慎中《史记评钞》、钟惺《钟敬伯评史记》、茅坤《史记钞》、归有光《归震川评点史记》等。所以明代文人学士主要在对《史记》的评点中评价司马迁精神。值得肯定的是，在明人丰厚的《史记》评析中，关于司马迁精神的许多观点富有新意。他们认为司马迁《史记》在人物塑造、叙事修辞、谋篇布局、艺术风格等方面都体现了一种创新精神。如茅坤《史记钞》云："屈宋以来，浑浑噩噩，如长川大谷，探之不穷，揽之不竭，蕴藉百家，包括万代者，司马子长文也。"从评价《史记》艺术成就出发，赞扬司马迁集大成的创新精神。林林总总的评点内容，涉及司马迁的实录、唯物史观、侠义、"察时变"等，探究和分析多有新见。如《史记·封禅书》凌稚隆眉批曰："此书直书其事，而其失自见，有讽意无贬词，读之，乃见太史公手笔。"茅坤则评曰："文凡三千言，而前后血脉贯穿如一句，总属一幻字。"认为"幻"为全篇"主骨"。"封禅本幻，而秦皇、汉武以幻终，悲夫。"他对武帝惑鬼神，求神仙，迷巫祝，信方士提出讥讽和批评，赞扬司马迁的唯物史观。

清代是《史记》研究的高峰期。清人《史记》研究的成果包括五个方面：对《史记》史学价值的肯定，对《史记》文学价值的再发掘，《史记》编纂学研究的成就，《史记》考证方面的成就及《史记》版本研究的成就。与此同时，司马迁精神也得到进一步探索与阐释。清代学者深入挖掘《史记》的文学价值，全面评价《史记》纪传通史体例，高度称赞司马迁作为"史圣"才有的独创精神。钱谦益曰："司马氏以命世之才，旷代之识，高视千载，创立《史记》。"① 赵翼评价司马迁《史记》纪传

---

① 钱谦益：《汲古阁毛氏新刻十七史序》，《牧斋有学集》，上海古籍出版社1996年版，第826页。

通史体例云："自此例一定，历代作史者，遂不能出其范围，信史家之极则也。"清代史学家钱大昕、崔述等对司马迁"学者载籍既博，必取信于《六艺》"的实录精神做了探索和论述。

新中国成立初期，学者更多的是从史学角度肯定司马迁的创新与创造。其中卢南乔《司马迁在祖国文化遗产上的伟大贡献与成就》《论司马迁〈史记〉编纂的创造性和思想性》、吴寿棋《司马迁在中国史学上的贡献》等论文都有论述。

二、当代司马迁精神研究成果

20世纪80年代至今,司马迁与《史记》研究日渐兴盛,关于司马迁精神这一课题,探讨更为深入和深刻,取得了令人瞩目的成果。

首先,深化了传统的论题。当今学者进一步深化了有关实录、批判或唯物、侠义、创新创造等传统论题。如王克绍《司马迁传记文学的实录精神》、王绍东《司马迁的求实精神》等文,系统论述了司马迁的实录唯物精神。李世萼《司马迁的侠义精神》、张宏赋《司马迁与侠义精神》等文,对司马迁的侠义精神进行了论述。李世萼认为,司马迁的侠义精神,是他为人处世的一项基本精神。司马迁侠义精神的产生,是由其家庭环境、个性、社会阅历及进步的历史观所决定的。其侠义精神主要为：赞颂敢于反抗强暴的侠义精神；赞美不顾个人安危、以身许国的侠义精神；颂扬不图报答、见义勇为，不惜以死抗争的侠义精神；赞美不势利、重情义的侠义精神；赞美危难时刻不变节、不趋炎附势的侠义精神[①]。陈雪良《司马迁的治学精神》认为，司马迁的治学精神，主要有以下特点：好学不倦，博览群书；精心研读，善于思考；面向实际，实事求是；敢于创新，"成一家言"[②]。过常宝《司马迁批判精神探源》、王长顺《司马迁〈史记〉批判精神探源》等，对司马迁的批判精神提出了独特的见解。过常宝认为，《史记》内容几乎涉及社会生活的各个方面，从真龙天子到市井小民，从立国拓疆到经济制度，既有对社会道德风气的批判，又有对政治政策的指责，还有对学术堕落的惋惜。司马迁的"刺讥"和"贬损"几乎无处不在，其超然独立于当世的精神，确实令人

---

① 参见李世萼：《司马迁的侠义精神》，《杭州师范学院学报》1998年第2期。
② 参见陈雪良：《司马迁的治学精神》，《中学历史教学》1984年第4期。

惊叹[1]。刘秀慧《司马迁〈史记〉创造精神》、张新科《史记所体现的创新精神》等文，对司马迁的创造精神提出了新的观点。张新科认为，《史记》体现了中华民族勇于创新的伟大精神，如记载了许多有作为的政治家在治理国家方面的创新精神；《史记》作为先秦两汉文化的典型代表，表现了文学家、史学家的创造精神；《史记》从思想内涵、体例结构、人物选择、表现手法等方面，都是司马迁自身创新精神的体现[2]。

其次，扩大了司马迁与《史记》精神的内涵。《史记》博大精深，思想深邃。司马迁与《史记》的人文精神、民族精神、爱国主义精神、悲剧精神、怀疑精神、人格精神等集中成为学界的关注点，从而挖掘和拓宽了司马迁精神的内涵。赵明正《论〈史记〉的人文精神》、郝正全《论〈史记〉的人文精神》、钟云星《从人物传记看〈史记〉的人文精神》、张晨《彪炳史册 光照千秋——解读〈史记〉中的民族精神》等

---

[1] 参见过常宝：《司马迁批判精神探源》，《北京师范大学学报》1994年第1期。
[2] 参见张新科：《史记所体现的创新精神》，《社会科学战线》2003年第1期。

文，探讨了司马迁与《史记》的人文精神。郝正全认为，《史记》的人文精神，具体表现在：尊重人的自然本性；对生命意义的追求；挖掘人的心灵世界。文章还探讨了司马迁人文精神形成的原因：史官的职责和著史的使命；丰富的生活阅历与李陵之祸；充满活力的时代要求；传统人文精神的浸润[①]。池万兴《史记与民族精神》论著，对司马迁的民族思想与《史记》所体现的民族精神做了比较深入系统的研究[②]。全书除绪论外，分为上编与下编。上编以《史记》"本纪"为纲领，系统探讨了中华民族精神的形成发展历史，诸如三皇五帝的开拓进取精神、夏王朝的建立与民族凝聚力的形成、殷商文明与民族凝聚力的形成、周代多元文化与民族精神、秦汉统一多民族国家的建立与民族精神的形成、《史记》的创作宗旨与民族精神的自觉弘扬。下编重在系统、深入地研究《史记》所体现的民族精神，诸如大一统思想与民族凝聚力，以人为本的

---

① 参见郝正全：《论〈史记〉的人文精神》，《渭南师范学院学报》2016年第5期。
② 参见池万兴：《史记与民族精神》，齐鲁书社2009年版，第370页。

精神，变革创新精神，刚健有为、自强不息的精神，爱国主义民族精神，坚持气节，舍生取义的人格自尊精神等。全书角度新颖，力求创新，溯源探流，上钩下连，纵横开拓，具有大气磅礴的气势，填补了我国史学界在《史记》研究领域中的空白，开拓了《史记》研究的新领域①。单瑞永《论〈史记〉中的爱国主义精神》（英文）、曲哲《司马迁：中华民族传统爱国主义精神的历史丰碑》等文，研究了司马迁与《史记》的爱国精神。曲哲认为，司马迁站在时代的最前沿，在追溯历史中准确概括了中华民族"人文化成"的文明创造精神，阴阳相推的"变易"史观和思维模式及"义然后取"的人生价值取向的爱国主义精神；并以自己对祖国的自然山水和人文历史的热情，撰写了空前启后的《史记》，用自己的生命体验实践了这种精神，矗起一座历史丰碑②。韩兆琦等《殉道与超越——

---

① 参见马雅琴：《〈史记〉研究的新领域——评池万兴先生的〈史记与民族精神〉》，《渭南师范学院学报》2009年第6期。
② 参见曲哲：《司马迁：中华民族传统爱国主义精神的历史丰碑》，《渭南师范学院学报》1997年第3期。

论〈史记〉的悲剧精神》、关秀娇《论〈史记〉的悲剧精神》(博士论文)等,对司马迁与《史记》的悲剧精神进行探讨。韩兆琦认为,殉道精神、怀疑精神、反中庸精神、忍辱负重精神、超越精神,是《史记》悲剧精神的具体表现[①]。刘重来《试论司马迁的怀疑精神》认为,司马迁怀疑精神主要体现在:把"尊疑""传疑""阙疑"作为治史原则;怀疑精神的实践者;疑似之迹,不可不察;提出了怀疑的考信标准[②]。田平《司马迁的人格精神探析》、张斌荣《家世传统与司马迁的人格精神》等,对司马迁的人格精神展开了探究。田平认为,崇高的理想,不畏艰险的探索精神;忍辱负重,发奋著述的精神;直面现实人生的救世精神;卓然独立、宁死不屈的人格精神,是司马迁人格精神的内涵所在。[③] 以上观点见解独特,富有启发性。

最后,出现了从宏观上全面、深刻、系统地论述

[①] 参见韩兆琦等:《殉道与超越——论〈史记〉的悲剧精神》,《文史知识》1994年第1期。
[②] 参见刘重来:《试论司马迁的怀疑精神》,《西南师范大学学报》1997年第6期。
[③] 参见田平:《司马迁的人格精神探析》,《南都学坛》2003年第3期。

司马迁精神的论文。学者们各抒己见，畅所欲言。党艺峰《司马迁精神及其思想史意义》认为，司马迁精神首先表现在"它以自己独特的创造性的史学框架刻划了我们民族的少年时代以及它如何走向成熟"。其次，"司马迁面临生与死，通过善恶的超越而建立了自己所向往，所实践的人类学本体论精神境界"。向晋卫《司马迁精神与当代知识分子》认为，司马迁精神主要体现在其"为往圣继绝学"的使命感、以道自任的宗教承担精神、人文关怀精神、对现实的批判精神和勇于开拓创新等几个方面。同时"体现在司马迁身上的这种'为往圣继绝学，为天地立心，为生民立命，为万世开太平'的知识分子精神就是一种应该永远继承和发扬的优良传统。'高山仰止，景行行止'，司马迁的独立人格和创造精神永远激励着后人。"

司马迁故里韩城市政协文史委员会1995年内部刊印《韩城文史资料汇编》总15辑"前言"，总结出"司马迁精神"有八条："热爱中华，首倡大一统的爱国精神；好学深思，发愤读书的向上精神；调查探索，勇于探索的求实精神；忠于职守，为国为民的奉献精神；著书立说，锐意创新的开拓精神；秉笔直书，不畏艰险的拼搏精神；义利结合，兴国富民的改革精神；注重道德，讲求节操的育人精神。"

丁德科、马雅琴、梁建邦《论司马迁精神》一文，对司马迁精神做了更为全面、深刻、系统的论述。文章认为，司马迁精神的核心，一言以蔽之：礼义一统！贯穿司马迁《史记》始终的是，反映礼义，赞颂礼义，树立礼义，建设礼义一统的国家。这是司马迁毕其一生探究、尽其一书追求的理想。为实现此理想，司马迁及其《史记》表现出这样的精神素养：铁肩担道义，妙笔著文章，理性并辩证，尚古更崇实。[①] 其一，铁肩担道义的致世信仰。史家传统的呼唤和时代精神的感召，使得司马迁坚持修撰《史记》，以铮铮铁肩担当历史与现实高度统一的伟大道义。这是司马迁精神首先而重要点所在，反映了司马迁《史记》强烈的

---

① 丁德科、马雅琴、梁建邦：《论司马迁精神》，《渭南师范学院学报》2016年第1期；《新华文摘》2016年第6期。

历史使命感和高度的社会责任感，体现了司马迁作为史圣应有的崇高致世信仰。其二，妙笔著文章的处事作为。崇高的信仰使得司马迁以顽强的意志坚持立德、立言理想，他将个人命运与国家命运相联系，继续以如椽之笔写作《史记》，用如神之笔写出绝妙篇章，书谏当代，启迪后世，表现自己礼义一统的国家学说。"妙笔著文章"是司马迁实现礼义一统社会政治理想的重要途径，体现了司马迁作为文人的处事作为。其三，理性并辩证的哲人思维特质。"理性并辩证"，概括的是司马迁《史记》认识分析事物的思维特征与方法。一部《史记》，凝聚着司马迁的旷世智慧，也反映了司马迁的哲人思维。司马迁开创以写人物事件为中心的纪传体史书体例，忠于史实，传承古代思想文化的理性精神和"有对"之学的辩证思维方法，放眼历史长河，冷静、客观地认识分析相关人物事件的来龙去脉，包括背景、原因、经过，以及其作用、经验教训，对后世的影响和启示等一系列问题，不仅记载了历史，更表现了有史以来的中华人文精神，体现了司马迁作为史家哲人的思维特质。其四，尚古更崇实的人文风范。司马迁《史记》严肃严谨对待历史，以历史的经验教训警世醒世，唤醒人们的切实追求，表现了司马迁作为学者的"尚古更崇实"的人文风范。

由此可见，司马迁精神内涵丰富，博大精深，具有历久弥新的时代价值，具有重大、广泛、深刻、旷远的引领、教育、激励作用。

附　录　论司马迁精神[①]

什么是司马迁精神，或《史记》精神？研究使我们得出这样的观点，司马迁精神的核心，一言以蔽之：礼义一统！贯穿司马迁《史记》始终的是，反映礼义，赞颂礼义，树立礼义，建设礼义一统的国家。这是司马迁毕其一生探究、尽其一书追求的理想。为实现此理想，司马迁及其《史记》表现出这样的精神素养：铁肩担道义，妙笔著文章，理性并辩证，尚古更崇实。本文试图考察研究司马迁精神，以请教大方之家。

[①] 丁德科、马雅琴、梁建邦《论司马迁精神》一文，《渭南师范学院学报》2016年第1期发表；《新华文摘》2016年第6期全文转载。

一、铁肩担道义的致世信仰

史家传统的呼唤和时代精神的感召，使得司马迁坚持修撰《史记》，以铮铮铁肩担当历史与现实高度统一的伟大道义。这是司马迁精神首先而重要点所在，反映了司马迁《史记》强烈的历史使命感和高度的社会责任感，体现了司马迁作为"史圣"应有的崇高致世信仰。

司马迁"铁肩"何来？要担当什么"道义"？答案是：继承祖业，修史为国家百姓，这是史家传统赋予他的神圣使命与切实责任！他不仅要对先秦时期史学做系统总结，更要为西汉王朝的长治久安寻求对策。

司马迁出生于史官世家——司马迁最引以为自豪！在《太史公自序》中，司马迁追述司马氏世系，源远流长，标榜自己的始祖为颛顼时代掌管天文星象、农事民事的重黎氏之后。夏、商二代，重黎氏主管天官事。到了周代，祖先程伯休甫因为战功显赫而为大司马，于是便以司马为姓氏。司马氏在周宣王时任史官，主管周史。但自从春秋时司马氏去周适晋，失去史家的职守已经四百余年。到了汉武帝时，司马迁的父亲司马谈为太史令。汉代太史令的主要职责是掌管天文星历、占卜、祭祀和档案文书，同时也实录国家大事，搜集并保管典籍文献。太史令虽然是地位比较低的官职，但是，司马谈却有着宏大的抱负和理想，他仰慕远祖"世典周史"的崇高职业，修史不辍。司马谈的修史理想抱负和经历作为，对司马迁的熏陶教育，特别是父子携手修史，对司马迁影响深远。司马谈去世前夕"所欲论著"的临终嘱托，直接引导和促使司马迁克服艰难，坚持子承父业，终生传承弘扬史家传统。"太史公执迁手而泣曰：'余先周室之太史也。自上世尝显功名于虞夏，典天官事。后世中衰，绝于予乎？汝复为太史，则续吾祖矣……余死，汝必为太史；为太史，无忘吾所欲论著矣……自获麟以来四百有余岁，而诸侯相兼，史记放绝。今汉兴，海内一统，明主贤君忠臣死义之士，余为太史而弗论载，废天下之史文，余甚惧焉，汝其念哉！'迁俯首流涕曰：'小子不敏，请悉论先人所次旧闻，弗敢阙。'"①司马迁继任太史令后，他一边努力做好本职工作，一边充分利用朝廷收藏的图书和档案资料，从事写作《史记》的资料准备。因李陵之祸，司马迁横遭腐刑的摧残。悲惨的遭遇、生理的残损和人们的卑视使司马迁忍受着肉体和精神的双重痛苦，他想以死来洗刷自己的耻辱，但又认为自己还未完成《史记》的写作，"草创未就，适会此祸，惜其不成，是以就极刑而无愠色。仆诚已著此书，藏之名山，传之其人，通邑大都，则仆偿前辱之责，虽万被戮，岂有悔哉！"②为了继承祖业，重振史家传统，为了完成父亲的遗愿，为了实现人生价值，司马迁选择坚强地活下来。这是一种悲壮之举，是对史家职责的恪守，对自己神圣人格的捍卫，对立名理想的不懈追求。司马迁在常人难以承受的个人遭际中忍辱负重，以顽强的毅力继续着《史记》写作。

---

① 司马迁：《史记》，中华书局1982年版，第3295页。
② 班固：《汉书》，中华书局1962年版，第2735页。

对先秦时期史学的系统总结，是传统文化发展赋予司马迁的历史使命。我国是一个史学高度发达的国家，梁启超《中国历史研究法》云："中国于各种学问中，惟史学为最发达；史学在世界各国中，惟中国为最发达。"早在殷商时代，朝廷就有了记载史事、掌管典籍的史官。今天所看到的我国最古老的文献著作《尚书》，就是当时史官的记录，它保存了我国上古时代极为珍贵的史料。春秋战国时期的《世本》，记录了黄帝以来帝王诸侯及卿大夫系谥名号，初具纪传体裁的规模。孔子《春秋》一字褒贬的写法和"微言大义"的风格，对后世史书产生深远影响，他所开创的编年体史书先例为《左传》所继承与发展；《左传》的民本思想和不隐恶、不饰美的批判精神影响后代史学家的观点。《国语》别具一格的国别体编撰方式，对后世史学的编纂具有深远的影响。到了汉武帝时期，恢宏昂扬的时代要求在史学上出现贯通古今三千年历史的巨著，与汉王朝大一统气象相匹配。作为一名历史学家，司马迁勇敢地担当起了中国文化赋予他的重任，他写作《史记》的理想，是要使自己成为第二个孔子，使《史记》成为第二部《春秋》，继承《春秋》的传统，"述往事，思来者"，为西汉王朝的统治提出礼义一统的国家学说，表达出自己独到的历史见解和政治见解，希望启迪后人，影响社会。

为西汉王朝的长治久安探求良策，是时代赋予司马迁的历史责任。汉朝建立后，汉高祖就曾经对自己所以得天下，秦所以失天下的历史经验进行总结，提出了"秦所以失天下，吾所以得之者何，及古成败之国"的政治问题，以求长治久安。面对时代的课题，一批政治家如贾谊、晁错、贾山、陆贾等纷纷著书立说，发表自己的看法。其中陆贾的《新语》、贾山的《至言》、贾谊的《过秦论》等，都抒发了许多中肯的见解，对秦楚之际、楚汉之际的历史发展进行系统总结。贾谊《过秦论》认为秦亡的原因是因为"仁义不施""壅蔽之伤国也""危民易与为非"，具有一定的政治见解。司马迁所处时代，正是汉武帝时代。这是一个充满浪漫的时代，一个充满精神和活力的时代。全国一统，政治稳定，经济繁荣，促使思想学术上出现了畅所欲言，各抒己见，追求真理，生动活泼的局面。司马谈的《论六家要旨》，对先秦以来的诸子百家学说进行总结；淮南王刘安召集门客编纂《淮南子》，"观天地之象，通古今之事"，为现实提供理论依据；董仲舒《公羊春秋》提出"罢黜百家，独尊儒术"的主张，目的在于从政治思想上统一天下。时代的发展，迫切要求从史学上总结历代王朝兴衰成败的历史经验教训，为西汉王朝的长治久安寻求良策。司马迁义无反顾地担当起了时代的重任，他要通过《史记》的写作，"网罗天下放失旧闻，考之行事，稽其成败兴坏之理"[1]。他通过考究历史的发展演进，总结历史的经验教训，提出自己的天下国家、礼义一统的思想，为西汉王朝的长治久安寻求策略。

司马迁撰写《史记》，为的是承担重大的道义：再现历史进程，总结历史成败兴盛的经验教训，弘扬中

---

[1] 班固：《汉书》，中华书局1962年版，第2735页。

华民族的传统精神，给出礼义一统的国家学说。这也是司马迁作为史家生命价值的体现。

礼义一统，是司马迁的崇高理想，是司马迁精神的核心。礼义一统学说，是司马迁对董仲舒思想观点的继承与发展。他摒弃了董仲舒的天命论、天人感应论的唯心倾向，以朴素唯物主义的哲学观为指导，提出礼义一统的国家学说，同时提出了建立巩固礼义一统国家的策略。

司马迁认为，礼义就是文明，是社会进步和发展的表现，是人和社会追求的目标；礼义一统，就是国家统一稳定，民族融合团结，社会运行有序，政治、经济、文化进步发展，国家持续走向富强文明。礼义是一统的核心，社会是礼义一统的社会，历史是礼义一统的进步和发展进程。具体来说，就是要在西汉社会政治生活中，恢复建立起礼义得以施行和遵守的机制和秩序：国家有仁德的君王以及遵守礼义、忠诚能干的大臣和将领，施之以仁义政治；礼义得到广泛深入地施行和遵守，成为国家管理机制的运行规范，成为社会各阶级、阶层以至每个成员的自觉意识和品格修养，体现在集体和个体的行为中。如此这样的礼义一统，方能取得经济发展、文化进步、边防无事和人民安居乐业的社会。这是司马迁所期冀的社会。

司马迁的礼义一统思想，从源流上讲，远承孔子，近接《公羊》，既是对董仲舒观点的汲取与发展，又是对所处的西汉现实的认识和对汉以前中国历史的考量和分析。在《史记》中，司马迁记述了秦始皇、汉武帝的功业，谴责了诸王叛乱的行径，反映了礼义一统思想。司马迁的礼义一统思想，还包含着对少数民族一视同仁的思想，具体表现为民族一统思想，主要包括民族等列思想、中国境内各民族皆炎黄子孙等。首先，司马迁以卓越的史识，勇于打破"种别域殊"的民族偏见，把民族区域纳入统一的封建帝国版图之内来叙述，视各民族皆天子臣民，在《史记》中首创民族史传——为周边的少数民族撰写了五个类传——《匈奴列传》《南越列传》《东越列传》《朝鲜列传》《西南夷列传》，是中国最早的一部民族通史。同时，还把民族史传与名臣将相列传交错等列，同样是一个了不起的创举。其次，中国境内各民族皆炎黄子孙，这是司马迁从传说和历史中提炼出的礼义一统观点。《史记》在《五帝本纪》《夏本纪》《殷本纪》《周本纪》中记载了五帝三王都是黄帝的苗裔，并在《三代世表》中谱列了五帝三王的传承世系。不仅如此，司马迁还把当时中国各民族，无论华夏之邦，还是蛮夷之地，都作为炎黄子孙。中华民族皆炎黄子孙，这一观念就奠基于《史记》。

礼义一统，是司马迁尊崇历史、面对现实的良策。《左传》云："礼，经国家，定社稷，序民人，利后嗣者也。"[①]道出了"礼"的本质，即规范社会行为，维护社会秩序。"义"，主要针对个人修养的层面，其核心是克制自身的欲望以符合礼的要求，所以《礼记·中庸》解释道："义者，宜也"。"礼""义"结合，具有"礼义廉耻""礼义教化""隆礼贵义""以礼治国"

---

① 阮元校刻：《十三经注疏》，中华书局1980年版，第1736页。

等内涵。《礼记·冠义》曰:"凡人之所以为人者,礼义也。礼义之始,在于正容体,齐颜色,顺辞令。容体正,颜色齐,辞令顺,而后礼义备。以正君臣、亲父子、和长幼。君臣正、父子亲、长幼和,而后礼义立。"① 可见"礼义"涵养灵性、提升人心。《荀子·议兵》曰:"隆礼、贵义者其国治;简礼、贱义者其国乱。"《荀子·王制》:"虽王公士大夫之子孙也,不能属于礼义,则归之庶人。虽庶人之子孙也,积文学,正身行,能属于礼义,则归之于卿相士大夫。"可见,礼义是治国安邦的核心,是社会文明秩序的集中体现,是社会成员应该履行的基本道德准则。

司马迁推崇礼义,有着深刻的思想文化根源。在他心目中,"《春秋》者,礼义之大宗也","夫《春秋》,上明三王之道,下辨人事之纪,别嫌疑,明是非,定犹豫,善善恶恶,贤贤贱不肖,存亡国,继绝世,补敝起废,王道之大者也……《春秋》辩是非,

----
① 阮元校刻:《十三经注疏》,中华书局1980年版,第1679页。

故长于治人……《春秋》以道义。拨乱世反之正,莫近于《春秋》。"①司马迁领会到,《春秋》明辨帝王与人事的准则和规律,区别是非好恶,揭示历史教训,使社会走上治理之路。"拨乱世反之正",就是要纠正违反和破坏礼义制度的问题,使礼义制度得到施行和遵守。礼义制度得到施行和遵守,社会就会有正常的秩序,就会得到进步和发展,这就是"正"。礼义对于人和社会具有重要意义。司马迁进而阐述说:"故有国者不可以不知《春秋》,前有谗而弗见,后有贼而不知。为人臣者不可以不知《春秋》,守经事而不知其宜,遭变事而不知其权。为人君父而不通于《春秋》之义者,必蒙首恶之名,为人臣子而不通于《春秋》之义者,必陷篡弑之诛,死罪之名。""夫不通礼义之旨,至于君不君,臣不臣,父不父,子不子。"②很明显,礼义是关系社会伦理道德、臣僚生死、君王去留以至政权存亡的关键。司马迁在分析《春秋》旨义的同时,深刻

---

① 司马迁:《史记》,中华书局1982年版,第3297页。
② 司马迁:《史记》,中华书局1982年版,第3298页。

阐明礼义的重要性。他将《礼书》列至"八书"的第一位，开篇即以"洋洋美德"对礼大加称赞。"礼者，人道之极也。"说明礼对"人道"至关重要。在《货殖列传》中引用管子"仓廪实而知礼节，衣食足而知荣辱"词句，说明"礼生于有而废于无""人富而仁义附焉"；在《平准书》中提出"以礼义防于利"，深刻认识到经济对文化的基础作用。"司马迁在强调经济增长对'礼'的基础作用的同时，还在强调'礼'对经济增长的反作用。"[①]

最重要的是司马迁《史记》要揭示礼义一统是治国之本。在《酷吏列传》开篇，司马迁遵引孔子"导之以政，齐之以刑，民免而无耻。导之以德，齐之以礼，有耻且格"的古训，提出"法令者治之具，而非制治清浊之源"的观点，阐述礼义较之法制必须率先而深入施行的重要性，礼义政策是基本的经常性措施，在潜移默化中发挥教化作用，是治本之举。而施行法

---

① 陈纪然、孙树勇：《〈史记〉的礼治思想探析》，《学术交流》2007年第11期，第169页。

制的法治，只是一定情况下才能运用的手段，是长远之策，但属辅助之策，只能治标。"夫礼禁未然之前，法施已然之后；法之所为用者易见，而礼之所为禁者难知。"[1]说明"礼"与"法"的本质区别在于，不可绝对排斥刑法，但刑法不是治政的根本，不能带来太平。《酷吏列传》引证："汉兴，破觚而为圜，斫雕而为朴，网漏于吞舟之鱼，而吏治烝烝，不至于奸，黎民艾安。由是观之，在彼不在此。"汉朝初年，废除苛严而实行宽缓，压抑奸巧而提倡忠厚，法网宽疏得可以漏掉能够吞噬船只的大鱼，可是官吏的治绩却很好，老百姓太平安乐。司马迁主张治理国家要"以礼治国"，"以德治国"，刑德并用，礼法合流，"礼义"为根本，以"法治"为手段，反对严刑峻法。《天官书》告诫帝王，要想达到至治的理想，必须把德治作为治国的最佳方略。"国君强大，有德者昌；弱小，饰诈者亡。太上修德，其次修政，其次修救，其次修禳，正下无之。"

---

[1] 司马迁：《史记》，中华书局1982年版，第3298页。

《史记》中记述了明昏两面帝王的理政结果以警示：商汤以"德"代夏，武丁"修政行德，天下咸欢"，周文王"笃仁，敬老，慈少，礼下贤者，日中不暇食以待士，士以此多归之"，而"不修德"的夏桀、帝纣、秦二世等，由于不行"礼义"，以暴政治天下，亡国亡身，为天下笑。

司马迁坚持倡导在全社会树立礼义一统的核心价值观念。按照司马迁的观点，"礼"为奠定人与人之间伦理关系和社会典章制度的重要基石，"仁"的观念促使统治者推行宽和慈厚的政策措施，并敦睦社会上人与人之间的和谐关系，实现社会和谐和国家统一。首先而重要的是要广泛深入地实行以仁为本的礼义。司马迁站在历史发展前进的立场上，继承发展了孔子的仁学思想。"人道经纬万端，规矩无所不贯。诱进以仁义，束缚以刑罚，故德厚者位尊，禄重者宠荣，所以总一海内而整齐万民也。"[1] 人类社会纷繁复杂，必然有

---

[1] 司马迁：《史记》，中华书局1982年版，第1157页。

其内在联系。礼义的作用在于规范约束社会行为，规定和维护社会秩序。"仁"作为道德内质，对引导社会行为和稳定社会秩序具有重要作用，"仁"化于人即道德完善，是天下大治的必要条件。汉文帝仁爱躬俭，励精图治，举贤良方正以收天下英才，躬耕籍田以劝农桑，免田租，南睦南越，北和匈奴。"通关梁，不异远方。除诽谤，去肉刑，赏赐长老，收恤孤独，以育群生。减嗜欲，不受献，不私其利也。罪人不帑，不诛无罪。除宫刑，出美人，重绝人之世也。"① 由于他圣德渊懿，仁民爱物，成为历代统治者中仁德之君的楷模，堪称一代明君。汉初君臣不希望多事，不愿意烦苦百姓，实行与民休息、清静无为的政治，使社会经济得到恢复和发展，天下比较安定。但是到了汉武帝时实行了一系列"多事"政策，造成了"国家用竭，海内萧然"的结果。司马迁通过汉文帝和汉武帝的对比，既阐明了"仁"是达到礼义一统的内质要素，

---

① 司马迁:《史记》，中华书局1982年版，第436页。

"仁"是国家兴旺发达、百姓幸福的根本,又力图倡导构建理想的礼义一统的社会政治模式:国家有一个像汉文帝这样仁德的君王,在国君周围有一批忠诚的大臣,遵循和履行礼治,工商业生产自由发展,国家不穷兵黩武,民众的劳役赋税负担合理,和睦和谐,幸福安康。

司马迁礼义一统的社会政治思想,具有鲜明、浓厚的时代特色:顺应中国历史由分裂走向统一进而走向强盛的进程,强烈地表述了民族团结、国家统一、天下富裕、百姓幸福的愿望。具体地说,他认为国家是整个阶级的国家,而不是帝王个人的私物,集中阶级中一切优秀人才的智慧为国家强盛尽力,反对帝王专断;一定程度地同情官吏的艰难、民众的疾苦,肯定社会成员为维护自己的生存利益采取的必要行动。这表现出,司马迁既要求维护地主阶级统治长治久安的愿望,又表述出他对官吏作为、民众生活的体贴关爱,他希望治理者和生存者能够很好地协调统一,以保持礼义一统国家社会的安定。这是以大史学家眼光观察处理事物的结果，反映了他的远见卓识。

司马迁梳理考察中华民族三千年的历史进程与兴衰成败，提出了建立和巩固礼义一统国家的策略，积极为西汉王朝探讨治国良策，为后来者提供借鉴。事实上，他强调国家和民族的统一融合，提倡以德治国，主张简政省刑，举贤任能，赞成适应时势进行变革，肯定正义战争等一系列建立和维护礼义一统社会的观点，对皇权统治者关注皇亲国戚以外的群体、民众在历史发展中的作用，以及理政治国起到了重大作用。

二、妙笔著文章的处事作为

崇高的信仰使得司马迁以顽强的意志坚持立德、立言理想，他将个人命运与国家命运相联系，继续以如椽之笔写作《史记》，用如神之笔写出绝妙篇章，书谏当代，启迪后世，表现自己礼义一统的国家学说。"妙笔著文章"是司马迁实现礼义一统社会政治理想的重要途径，体现了司马迁作为文人的处事作为。

《史记》首创五体纪传通史体例，记载上起黄帝下至汉武帝时期三千年左右的历史，气势恢宏，博大精深。

司马迁写作《史记》的宗旨为"究天人之际，通古今之变，成一家之言"。"究天人之际"，就是要探究天道和人事之间的关系。在这个问题上，司马迁是先秦以来"天人相分"的朴素唯物主义思想的集大成者。他认为人就是人，天就是天，二者没有必然的联系。"通古今之变"，就是要探索历史发展、国家治乱盛衰的变化及其规律。"成一家之言"，就是要写出一部自成体系的历史著作，阐明自己礼义一统的国家学说。为此目的，他在综合前代史书各种体制的基础上，继承并创造了由本纪、表、书、世家、列传组成的五体纪传通史体例，十二本纪记帝王，三十世家记世族，七十列传兼顾到社会上层、中层、下层各行业人等，八书专记各种制度、事业发展变化，十表记录各个重要历史事件发生的时间。五体各自从不同的角度叙述历史，又互相补充，组成完整、立体、宏阔、严密的有机整体，这种相互协调补充而形成的结构框架，沟通天人，贯通古今，反映了社会生活长卷总貌，显示出司马迁作为文学大家的卓越智慧和创新能力。

贯通古今使得《史记》记载社会生活的各个方面，涉及政治、经济、农业、法律、文化、文学、艺术、宗教、建筑、军事、民俗、地理、姓氏等各个领域，包罗万象，博大精深。《史记》第一次为先秦诸子百家代表人物立传，《孔子世家》《仲尼弟子列传》《儒林列传》《孟子荀卿列传》综合古今学术，辨别源流得失，比较系统地记载了自孔子至西汉中叶儒学发展的盛况，开创学术研究先河。《平准书》和《货殖列传》，总结历代经济政策的变迁以及工商业发展的状况，开创了正史中记叙经济发展的体例。社会的发展，经济是基础，如何看待经济，这在以前史书中还没有系统阐述过。《平准书》比较系统地探讨经济问题，首创经济史传，成为之后正史《食货志》的理论体系。《河渠书》是第一部水利通史，系统记述我国古代治理洪水、兴修水利、发展生产的概况，开创正史中叙述江河水利的先河，成为后世历代正史中撰述河渠水利专篇的典范。《天官书》和《历书》作为我国古代最权威的天文学综合著作，开启我国天文学研究的新篇章。《史记》不仅记载汉族的历史，同时记录其他兄弟民族的历史。《匈奴列传》《西南夷列传》等，是中国史学第一次为少数民族立传，从而把国境内外的各民族视为一个密切联系的整体。《史记》还为我国著名的文学家立传，极大地提高了文学家的历史地位。《屈原贾生列传》《司马相如列传》是司马迁首次为古代文学家屈原、贾谊、司马相如立的传记。《扁鹊仓公列传》记叙扁鹊、仓公两位医学家的事迹，阐释战国至西汉初年医学发展概况。《史记》开辟众多领域学术研究的先河，体现出人间万象和谐发展的思想。

以人为主的史学叙事模式，是司马迁妙笔著文章的又一表现。历代的帝王将相、大小官僚，政治家、军事家、文学家、说客、策士、刺客、游侠、隐士、商贾、卜者、俳优、女性等，对社会有贡献的人物，栩栩如生地涌现在司马迁的笔端，古今人物、大小事件、社会万象，构成一幅鲜活生动、色彩斑斓、波澜壮阔的历史画卷。

人生百态，仁善友爱为上。《史记》用历史事件和历史人物歌颂光明，赞扬真善美，阐明礼义一统国家学说之内涵。所以，《史记》极大地扩大所记载的人物类型，"古者富贵而名摩灭，不可胜记，唯倜傥非常之人称焉"，"扶义倜傥，不令己失时，立功名于天下，作七十列传"。司马迁为人物立传，重在人物的社会作用与贡献。《五帝本纪》赞扬五帝宽厚爱民、举贤惩凶、教化天下、协和万邦的美德。《伯夷列传》为《史记》七十列传之首，开宗明义的高扬至善、至美、至刚的人性美，充满阳刚之气，崇高与悲壮俱在。《留侯世家》《淮阴侯列传》《萧相国世家》热情歌颂张良、韩信、萧何为汉王朝建树的卓越功勋。《循吏列传》为春秋时期五位清官——孙叔敖、子产、公仪休、石奢、李离立类传，热情歌颂他们实行德治教化、造福于民的政绩。《管晏列传》以对照笔法颂扬晏子知人荐贤的美德，展示仁善友爱的宗旨。为社会底层人物立类传，更为难得的是为百姓匹夫且犯上的曹沫、专诸、豫让、聂政、荆轲等立《刺客列传》，歌颂正义、侠气、豪迈的不畏强暴、不惜牺牲的大无畏精神。为以武犯禁的朱家、剧孟、郭解等立《游侠列传》，因为他们"救人于厄，振人不赡，仁者有乎；不既信，不倍言，义者有取焉"。司马迁议论道："今游侠，其行虽不轨于正义，然其言必信，其行必果，已诺必诚，不爱其躯，赴士之厄困，既已存亡死生矣，而不矜其能，羞伐其德，盖亦有足多者焉。"[1] 大胆肯定游侠扶危救难、言行必果的侠义精神，表现出卓越的见识和勇气。《日者列传》记载隐于卜医之中的贤者司马季主的贤德和风采。司马季主是西汉时期一个出身低下的人，以求卜问卦为生，被当时人们看不起，但是司马迁却认为他是一位圣人。"吾闻古之圣人，不居朝廷，必在卜医之中。"所以司马迁破格为他作了《日者列传》，全篇通过记载司马季主与宋忠、贾谊的对话，讥讽尊官厚禄与官场的黑暗，"卑疵而前，孅趋而言；相引以势，相导以

---

[1] 司马迁：《史记》，中华书局1982年版，第3181页。

利；比周宾正，以求尊誉，以受公奉；事私利，枉主法，猎农民；以官为威，以法为机，求利逆暴：譬无异于操白刃劫人者也"。正因为司马季主具有深邃的思想，对现实有深刻的认识，又有高洁的情操，故司马迁说："古者卜人所以不载者，多不见于篇。及至司马季主，余志而著之。"表现出不同凡俗的历史观。司马迁还记载众多女性的事迹，其中登场的女性人物多达四百以上，个性突出、性格鲜明的有吕后、漂母、赵太后、王陵的母亲、卓文君、缇萦、聂嫈等。司马迁为下层人物立传，这是一种大胆的做法，充分体现出进步的思想观点和非凡的史学思想。对此，施章先生《史记新论》评论道："《史记》一书可谓具有社会性的大众生活的历史。虽然本纪、世家、列传，往往是以描写个人为中心，而由个人上面，即可把当时的社会背景表现出来，若以现代文化以大众生活为主的眼光观之，则《史记》在文化史上的地位更为重要。"

秉笔直书，敢于揭露当朝社会的阴暗面。《史记》继承发展中国古典现实主义最可贵、最重要的传统，揭露批判的广度深度远超先秦作品。无论开国皇帝、还是当朝天子，无论最高统治者、还是一般官吏，司马迁不仅如实记载他们的历史事迹，还敢于奋笔揭露他们的丑恶行径。《吕太后本纪》揭露吕后的蛮横专政及对刘氏宗室灭绝人性的摧残；《张释之冯唐列传》通过渭桥犯跸惊驾事件，揭露出"仁德之君"汉文帝刻薄的一面；《酷吏列传》不仅展示酷吏压迫与屠杀人民的罪行，而且热情地描写广大被压迫人民的起义反抗；《李将军列传》《卫将军骠骑列传》，写的都是汉武帝时代对匈奴作战的名将，司马迁通过"两两相形"的方法，不仅表明他们的优劣，且揭露当时社会对人才的不公允；《佞幸列传》揭露统治者重用奸佞的弊端。司马迁通过对黑暗现实的揭露，批判在社会进步和发展过程中背离礼义、损害仁德的丑恶行径，体现自己对美好政治、崇高形象的向往与憧憬。

说到司马迁，我们眼前就会浮现出项羽、陈胜、李广、韩信、张良、蔺相如等历史人物。历史人物之所以栩栩如生、如实再现，是因为《史记》人物传记具有极高的叙事艺术。这是《史记》妙笔著文章的第三个成就。

通过特异性故事情节和场面的描写，凸显历史人物的传奇风采。汉代扬雄在《法言·君子篇》中说："多爱不忍，子长也。仲尼多爱，爱义也；子长多爱，爱奇也。"《史记》中确实存在"爱奇"色彩，"对特异性的历史人物的推崇与偏爱"①，多写奇异之人，即倜傥非常之人。诸如胡服骑射的赵武灵王，卧薪尝胆的越王句践，千古一帝的秦始皇，揭竿而起的陈胜、吴广，完璧归赵的蔺相如，不畏牺牲的晁错，天下无双的李广等。奇异之人，给《史记》增添勃勃生气，具有强烈的艺术感染力。司马迁为了突出表现历史人物的精神风貌，特别注重对特异性故事情节和特异性场面的描写，体现"爱奇"的审美观，洋溢着浪漫主义色彩。《越王句践世家》中句践卧薪尝胆的情节，凸显句践苦心励志、发愤图强的精神风貌；《淮阴侯列传》中韩信

---

① 刘振东：《论司马迁之"爱奇"》，《文学评论》1984年第4期，第103页。

胯下之辱、乞食漂母等情节，展示少年韩信能屈能伸、知恩必报、胸怀大志的大丈夫气魄；《留侯世家》中张良遇黄石公、借箸发难、商山四皓等情节，传奇而多姿；《高祖本纪》中刘邦的诞生、醉斩白蛇的情节，不仅彰显历史人物的传奇风采，又大大增强文章的叙事性与抒情性。《史记》有许多奇特的场面描写，宏大而感人。《项羽本纪》中的鸿门宴，场面宏大，人物众多，惊险曲折，剑拔弩张，引人入胜。司马迁又善于把人物放在尖锐的矛盾冲突中，通过人物的语言、行动、心理等方面，成功展示传奇风采。如项羽和刘邦，一个是豪爽、仁慈、轻敌；一个是机智、老成、权变。又如范增的老谋深算、张良的多谋善断、樊哙的忠勇无畏，纷纷跃然纸上。鸿门宴的奇特场面预示着"夺项王天下者，必沛公也"的历史发展趋势。《刺客列传》中荆轲刺秦王的画面，险象环生，惊心动魄。在奇异的画面上，活动着奇异的英雄荆轲，演绎着反侵略、反强暴、矢志抗秦、不惜自我牺牲的悲剧故事。司马迁通过"易水饯别"，以一首"易水歌"拉开了荆轲刺秦王的序幕，渲染慷慨悲壮气氛。在荆轲刺秦王的舞台上，成功地运用对比、反衬的手法，表现荆轲的英雄风采。通过"顾笑舞阳，前谢曰""知事不就，倚柱而笑，箕踞以骂"等神态、表情的描写，突出荆轲大义凛然、虽死不屈的气概，特别是通过这一"笑"一"骂"的描写，充分显示他毫不退缩、毫不畏惧的英雄气概；以武士秦舞阳的"色变振恐"，反衬出荆轲沉着镇静、英雄虎胆的气魄；以"秦王不怡者良久"，反衬出荆轲的威武壮烈。荆轲也因为《史记》的流传而成为家喻户晓、尽人皆知的侠义英雄。他虽然壮志未酬，但却英名流芳。《淮阴侯列传》中萧何月下追韩信的故事，妙趣横生，极具戏剧性，读之使人如痴如醉，如见其人，如闻其声，如临其境。司马迁偏爱英雄，歌颂豪杰，不仅是文学技巧问题，更重要的是要通过奇人奇事，感慨自己的身世，寄托自己礼义一统的政治理想。赞美奇异人物，描写雄伟、壮丽的画面，使《史记》具有震撼人心的艺术感染力，表现出大气磅礴的气势，雄健刚强的艺术风格。

通过立体化写人记事的方法，全方位再现历史人物的精神风貌，特别表现仁善友爱为上的思想。首先体现在体大思精的五体结构框架上。《史记》以五种体例叙写历史，记载历史人物事迹，它们相互联系，形成一个纵横交错的叙事网络，多角度、多途径、多层面地反映了历史，再现历史进程中众多人物。其次，《史记》叙写众多的历史人物，呈现出立体化的特点。据韩兆琦《史记通论》统计，"一部《史记》，记录了四千多个人物，其中给人以深刻印象的有一百多人"。从塑造人物的方法看，采用多维透视的方法，使人物具有丰富性、复杂性。项羽是秦末反秦起义中一个具有传奇色彩的英雄人物，在他身上体现出多重人格。他气质粗犷，性格豪迈不羁，具有勇武盖世的英雄气概和宁折不弯的骨气，同时又刚愎自用，残暴凶狠，坑杀俘虏。就是这样一位盖世英雄，在他的内心，仍然充满了脉脉温情：对待自己的政敌和朋友，他仁慈和厚；面对美人虞姬，他是一个痴情男儿。正因为项羽性格的多面性、矛盾性，在他身上，体现善与恶、美与丑、刚与柔的矛盾冲突。钱穆在《现代中国学术论衡》中道出项羽形象的丰富内涵和深厚的文化底蕴："汉祖之得天下，一曰不杀人，又一曰善用人。而迁书之传项王，则有三大事，一曰巨鹿之战，一曰鸿门之宴，又一曰垓下之围以及乌江自刎。项王可爱处实多于沛公。"《史记》人物血肉丰满、具有多面性格特征，是历史人物，也是艺术典型，体现了人生百态、人性万象。

互见法是司马迁突出某一历史人物主要特征的艺术手法。互见法"即在一个人物的传记中着重表现他的主要特征，而其他方面的性格特征则放到别人的传记中显示"[①]。互见法是司马迁立体化写人记事的方法之一，《史记》中广泛运用。如《项羽本纪》浓笔重彩地突出项羽英武善战的气魄和宁折不弯的骨气，在《高祖本纪》《淮阴侯列传》《陈丞相世家》等篇中则记叙了他屠烧咸阳宫、杀义帝、坑杀俘虏等政治、军事上

---

① 袁行霈：《中国文学史》第一卷，高等教育出版社1999年版，第214页。

的失误和性格缺陷。互见法可避免行文的重复，有利于塑造生动丰满的人物形象；既最大限度地忠于历史的真实，又不损害作者心目中形象的主要特征。项羽成为千古传颂的英雄，英雄故事永世传说，演绎不尽，成为诗、词、曲、赋乃至戏剧、小说题材。"破釜沉舟""霸王别姬""乌江自刎"等故事深入人心，与司马迁互见法的艺术手法是分不开的。

司马迁写人叙事，富有感染力，充满强烈的感情色彩。他笔端有感情、字间涌激情，时而凄绝哀婉，时而奔放恣肆，读《史记》令人荡气回肠、如痴如醉。"《离骚》为屈大夫之哭泣，《史记》为太史公之哭泣。"① "整部《史记》是一首爱的颂歌，恨的诅曲，司马迁用整个生命谱写的一篇饱含着全部血泪的悲愤诗。"②《史记》各篇传记，抒发感情的形式丰富多彩，有的通篇借古抒情，有的夹叙夹议，有的引入精美的诗歌谚语，有的以"太史公曰"的形式。无论作者采

---

① 刘鹗：《老残游记序》，人民文学出版社1982年版，第1页。
② 韩兆琦：《史记通论》，北京师范大学出版社1990年版，第89页。

用何种方式抒情,都渗透着对社会的关注,对礼义一统国家学说的思考构建与向往期冀。

《史记》最能鲜明、集中表达司马迁激情的是议论。《史记》议论通常有三种形式:篇前序论、篇末论赞(即"太史公曰")、篇中夹叙夹议。据笔者统计,《史记》全书有序论的篇目有二十三篇,论赞的篇目有一百零六篇,夹叙夹议的篇目有七篇。这些议论和主体部分的叙事、抒情完美结合,使作者的激情得以挥洒,人生理想得以表达。序论,宣泄激情,旗帜鲜明地表明自己的政治主张;论赞,深化褒扬批评的主题。《酷吏列传》开篇引用孔子的名言议论:"导之以政,齐之以刑,民免而无耻。导之以德,齐之以礼,有耻且格。"直接表明德治为主、刑法为辅的仁德治国的政治主张。司马迁重点记叙汉武帝时期一批执法严酷的酷吏,"以酷烈为声""以恶为治",深受武帝的欣赏和支持。而由于酷吏的严刑峻法和滥杀无辜,导致当时社会出现"法令滋章,盗贼多有""吏民益轻犯法,盗贼滋起"的局面。论赞以"太史公曰"的形式抨击汉武帝时期"外儒内法"制度给当时社会带来的危害："自张汤死后，网密，多诋严，官事寖以耗废。九卿碌碌奉其官，救过不赡，何暇论绳墨之外乎！"由于严刑峻法，公卿自保无为安宁在位，百姓生活贫穷低贱，武帝时期实际上是表面繁荣昌盛、实际危机四伏。司马迁鞭辟入里，单刀直入地揭示武帝时期"外儒内法"，道出酷吏作为危害深远，抨击汉武帝的残暴政治，激愤之情溢于言表。牛运震《史记评注》指出："《酷吏传》伤武帝之峻刑也。武帝之世，烦文苛法，以严酷为治，怨愁惨伤，民几不聊生。太史公目睹其事，恻然伤之，不忍斥言君上，特借酷吏发之。一篇之中，感慨悲愤，汉廷用人之非与酷吏得报之惨，具见于此。此太史公悲世之书，所以致惓惓垂戒之至意，不独为十人立传也。"说明文章用意在于隐喻武帝时期政治的严酷和黑暗，提倡礼义一统的德治的政治主张。《伯夷列传》乃夹叙夹议的典范之作。伯夷、叔齐高风亮节，积仁洁行竟然饿死首阳山，他们悲惨的命运，拨动作者的心弦，引起强烈共鸣。司马迁情不自禁，满腔郁积的愤懑之情令他怀远遐想、感喟不已:"天之报施善人,其何如哉?""倘所谓天道,是邪非邪?"司马迁直指是非不分的天道、善恶不辨的世道,通过颂扬伯夷、叔齐"奔义""让国"的美德,推崇恭谦礼让的品德。

援引诗词谣谚表达激情,是《史记》抒情的又一途径。司马迁大量引用诗歌、谚语、歌谣,既为《史记》增添了诗的韵味,也传达出作者的爱憎激情,突出作者对社会人生的思考,对真善美的向往。这些谚语歌谣,喜闻乐见,生动贴切,有的见诸文章开端,如《佞幸列传》开篇曰:"谚曰'力田不如逢年,善仕不如遇合'。"作者引用民谚,既表明自己对佞臣的不齿和批判态度,又为全文暴露和批评邓通、韩嫣等佞臣察言观色、谄媚君上等行径奠定了批判的基调。有的处于文中,如《高祖本纪》中的"大风歌",《项羽本纪》中的"垓下歌",《伯夷列传》中的"采薇歌",《留侯世家》中的"鸿鹄歌",《刺客列传》中的"易水歌",都是司马迁采用全知叙事视角,代历史人物即景作歌。慷慨悲壮的"垓下歌",表达对项羽英雄豪气的赞美和对英雄末路的深深同情。"采薇歌"唱叹有情,感慨深厚,表达对伯夷、叔齐不贪权势、高洁不屈品行的歌颂。韩信,是楚汉之际最风云的人物,他为汉王朝的建立立下赫赫战功。由于韩信功高震主,遭到高祖刘邦的忌刻,被冠以"叛逆"之罪,诛灭三族。在《淮阴侯列传》中,司马迁满怀赞美之情,歌颂韩信的丰功伟绩,记叙其遭受统治者迫害的过程。当韩信无辜却身陷囹圄时,司马迁的满腔怒火无处发泄,满腹惋惜同情之情无处宣泄,于是就借韩信之口,引用"狡兔死,良狗烹;高鸟尽,良弓藏;敌国破,谋臣亡"的歌谣,揭露封建社会君臣只可共患难、不可同享福的残酷现实,谴责统治者乱杀功臣的罪恶。有的显之篇末,常见论赞中引用谚语歌谣最多。当作者感情的琴弦无法休止且至高点时,就用"太史公曰"的形式,纵横文笔,饱含感情,表达对历史事件和历史人物的爱憎,发表对社会人生的见解。如《张释之冯唐列传》中用"不知其人,视其友"的民谚,抒发对张释之、冯唐正直无私的美德的赞美之情；《李将军列传》中用"桃李不言，下自成蹊"的谚语，表达对李广无限的仰慕之情，成为后世尽人皆知的名句；《郑世家》中"以权利合者，权力尽而交疏"的谚语，呼唤人间真情。

言亡不言、不言而言，是司马迁叙事抒情的又一"史笔之妙"。顾炎武《日知录》说："古人作史，有不待论断而于序事之中即见其指者，惟太史公能之。"司马迁善于把情感和观点蕴含在关于人物和事件的叙述中。《廉颇蔺相如列传》合传廉颇、蔺相如、赵奢、李牧，皆才干卓越、忠心为国的贤臣良将，他们的个人命运关系国家兴亡。明代凌稚隆如此评说："太史公作颇、相如传而附之奢、牧，赵之兴亡著焉，一时烈大夫英风伟盖，今人千载兴起；而史笔之妙，开合变化，又足以曲尽形容。奇哉！"① 司马迁通过对这几位历史人物事迹的记叙，把赵国兴亡的历史，交代得非常

---

① 凌稚隆编纂，马雅琴整理：《史记纂》，商务印书馆2013年版，第296页。

清楚。在这篇传纪中，司马迁着重描写廉颇在军事方面的威重和蔺相如在政治方面的才能。蔺相如机智勇敢，和秦王斗智斗勇，最后"完璧归赵"，完成秦国的使命；渑池大会靠自己的正义和勇敢再一次折服秦王，维护了赵国的尊严。凌稚隆评价说："相如渑池之会，如请秦王击缶，如召赵御史书，如请咸阳为寿，一一与之相比，无纤毫挫于秦。一时勇敢之气，真足以褫秦人之魄者，太史公每于此等处，更著精神。"① 司马迁通过传神妙笔，对人物的历史活动如实记叙，寄寓对蔺相如外交才能与政治风度的赞美与赞颂。《吕太后本纪》真实记载吕后对戚夫人的残害："太后遂断戚夫人手足，去眼，煇耳，饮瘖药，使居厕中，命曰'人彘'。"看似客观叙事，字里行间却涌动着对吕后惨绝人寰、阴险毒辣行径的强烈愤慨之情，从相反角度呼唤礼义、仁德。

"司马迁像一个出色的画家，以他那十分传神的画

---

① 凌稚隆辑校：《史记评林》，天津古籍出版社1998年版，第468页。

笔，为我们勾画出一个个栩栩如生的人物画像；又像一位善于捕捉瞬间的雕塑家，以他那锋利的刻刀，为我们塑造了一个个风采各异的雕像。在《史记》这座人物画廊里，我们不仅可以看到历史上那些有作为王侯将相的英姿，也可以看到妙计藏身的士人食客、百家争鸣的先秦诸子、'为知己者死'的刺客、已诺必诚的游侠、富比王侯的商人大贾，以及医卜、俳优等各种人物的风采，给人以美的享受和思想上的启迪。司马迁创造性地把文、史熔于一炉，为我们写下了一部形象的历史。"[①]所以，鲁迅先生称赞《史记》为"史家之绝唱，无韵之离骚"，一方面指出了《史记》的历史价值，同时又概括了《史记》的文学特征。

三、理性并辩证的哲人思维特质

"理性并辩证"，概括的是司马迁《史记》认识分

[①] 肖黎：《我国的第一部"正史"——司马迁的〈史记〉》，载瞿林东主编：《二十五史随话》，人民教育出版社1988年版。

析事物的思维特征与方法。一部《史记》，凝聚着司马迁的旷世智慧，也反映了司马迁的哲人思维。司马迁开创以写人物事件为中心的纪传体史书体例，忠于史实，传承古代思想文化的理性精神和"有对"之学的辩证思维方法，放眼历史长河，冷静、客观地认识分析相关人物事件来龙去脉，包括背景、原因、经过及其作用、经验教训，对后世的影响和启示等一系列问题，不仅记载了历史，更表现了有史以来的中华人文精神，体现了司马迁作为史家哲人的思维特质。

纪传体通史充分体现司马迁《史记》的整体、系统思维特征。司马迁《史记》对其记事规模、体裁、体例、结构、选材、篇章立意等方面进行了睿智把握。《史记》以前的史书，体例或为国别体，或为编年体。内容或以记言为主，或以记事为主，为记言体，为记事体。这些体裁、体例在记载人物活动，或记载事件上都存在一定局限。如同一人物的活动可能出现在不同的国别史书里，也可能出现在某一史书的不同时间段，从而使人物事迹支离分散，记载不够集中。同一个事件，也可能分属于不同的篇章，前后出现，显得断续零散，容易发生脉络不清等。司马迁创立的《史记》纪传体，则能使作者笔下的人物活动和事件记叙在时间上相互联系、空间上大大扩展，作者可以从容不迫地写人物在不同时空的一系列事件和细节；可以通过多个侧面来写人物，写出人物性格的多面性，使人物由平面化转向立体化；可以使不同时空人物相对集中，使事件情节更加紧凑。这样，使《史记》在通过人物事件来再现历史方面有了更大的自由。

重视史实和人物的历史作用的修史理念，展现了司马迁《史记》的理性思维特征。作为一部通史，司马迁在《史记》中对上下三千年历史的撰述并不是平均用力或随心所欲的，他有着明确重视史实和人物历史作用的修史理念。就是说，以史实与人物的时代价值为写作逻辑，有重点的叙述，探讨做人（各类人）楷模与治国良策，昭示当代及后世。从十二本纪来看，上古和夏、商各有一个；周代有一个，另有一个《秦本纪》；而近现代的秦代及汉代就有八个。从十表来看，夏、商、西周合为一个，为世表；春秋、战国有两个，为年表；秦末汉初有一个，为月表；汉代就有六个，为年表。从三十世家来看，春秋、战国有十七个，秦末及汉代几十年间就有十三个。从七十列传所记载的人物来看，除过几篇类传，上古到秦末共有二十八篇，汉代就有将近三十篇。这是司马迁以史为鉴、关注现实和未来的体现。

司马迁《史记》理性关注历史变革中的历史事件和关键人物。《史记》中司马迁特别关注的历史时期有，黄帝统一中原、夏末商初、商末周初、秦末汉初等。《史记》对这些时期着墨集中，篇目较多，篇幅较长，记载人物最多。如社会大变革统一进程中纷呈多彩的春秋、战国时期，十二本纪则有《周本纪》《秦本纪》；十表则有《十二诸侯年表》《六国年表》；三十世家则有《吴太伯世家》《齐太公世家》《鲁周公世家》《燕召公世家》《管蔡世家》《陈杞世家》《卫康叔世家》《宋微子世家》《晋世家》《楚世家》《越王句践世家》《郑世家》《赵世家》《魏世家》《韩世家》《田敬仲完世家》《孔子世家》；七十列传则有《管晏列传》《老子韩非列传》《司马穰苴列传》《孙子吴起列传》《伍子胥列传》《仲尼弟子列传》《商君列传》《苏秦列传》《张仪列传》《樗里子甘茂列传》《穰侯列传》《白起王翦列传》《孟子荀卿列传》《孟尝君列传》《平原君虞卿列传》《魏公子列传》《春申君列传》《范雎蔡泽列传》《乐毅列传》《廉颇蔺相如列传》《田单列传》《鲁仲连邹阳列传》《屈原贾生列传》等。秦朝立国虽然时间短暂，但社会处于急剧变革之中，本纪则有《秦始皇本纪》；世家则有《陈涉世家》；列传则有《吕不韦列传》《李斯列传》《蒙恬列传》等。楚汉战争这一重大历史节点当然是司马迁描写的重点。本纪则有《项羽本纪》《高祖本纪》，世家则有《萧相国世家》《曹相国世家》《留侯世家》《陈丞相世家》；列传则有《张耳陈馀列传》《魏豹彭越列传》《黥布列传》《淮阴侯列传》《韩信卢绾列传》《田儋列传》《樊郦滕灌列传》等。

历史变革中的关键人物，在《史记》中显得鲜活而深刻。如秦末和楚汉战争中的关键人物是陈涉、项羽和刘邦。《秦楚之际月表》云："初作难，发于陈涉，虐戾灭秦，自项氏；拨乱除暴，平定海内，卒践帝祚，成于汉家。五年之间，号令三嬗，自生民以来，未始有受命若斯之亟也！"从繁杂的历史事件和众多的历史人物中，司马迁发现陈涉、项羽和刘邦这三个关键人物的特殊事迹和作用，以此来反映这一特殊时期的社会变迁的脉搏。在《史记》中，司马迁破例将陈涉列入世家，真实客观地记载了陈涉领导的秦末农民起义运动的全过程，表现了陈涉大无畏的英雄气概和农民起义军势不可挡的强大阵势。《太史公自序》道："桀、纣失其道而汤、武作，周失其道而《春秋》作。秦失其政，而陈涉发迹。诸侯作难，风起云蒸，卒亡秦族。天下之端，自涉发难。"在这里，司马迁将陈涉与汤武、孔子并列，高度评价并热情歌颂陈涉在灭秦过程中的历史作用。汉朝建立后，一个重大事件就是刘邦清除异姓王的政治行为。司马迁对此则选择了在刘邦清除异姓王中受害最深的典型人物韩信、彭越等进行反映。韩信是被刘邦赞为三杰的西汉开国功臣，曾为汉朝建立立下汗马功劳，但刘邦登上皇帝宝座后，韩信先是被封为楚王，后来被降为淮阴侯，最后被诬陷杀害。彭越在秦末聚兵起义，初在魏地起兵，后率部归随刘邦，亦为西汉开国功臣，与韩信、英布并称为汉初三大名将。西汉王朝建立后被封为梁王，后因被告发谋反，被贬庶人，最终被刘邦以谋反的罪名枭首示众，诛灭三族。司马迁就是这样选择典型事件中的典型人物，通过活生生的人物事迹和遭遇来形象地再现社会历史以及与之相关的经验教训。

司马迁《史记》理性客观反映历史真实，表现出我国古代所推崇的史官精神——秉笔直书、记事信而有征的良史传统。所谓秉笔直书、记事信而有征，就是史学家在治史中不隐瞒、不夸大，真实而有证据地反映历史的实事求是精神。《左传》宣公二年记载，晋灵公聚敛民财，残害臣民，举国不安。执政大臣赵盾多次苦心劝谏，灵公非但不改反而肆意残害。灵公先派人刺杀赵盾未遂，后又于宴会上伏甲兵袭杀未果。赵盾被逼出逃，到晋国边境时，听说灵公已被其族弟赵穿杀死，于是又返回晋都，继续执政。晋国太史董狐以"赵盾弑其君"记载此事，并宣示于朝臣，以示笔伐。赵盾辩解说灵公是被赵穿所杀的，并不是他的罪责。董狐说："子为正卿，亡不越境，反不讨贼，非子而谁？"[1]因此，孔子曾称赞曰："董狐，古之良史也，书法不隐。"[2]赞赏的就是这种直书不隐的实录精神。

司马迁《史记》秉笔实录，客观反映，不以个人好恶曲解历史，被后世称为"实录""良史"。《史记》所记载的材料，主要来自于四方面：书面史料、考察资料，档案资料，时人口授。但这些材料，需要细加甄别去伪存真，需要认真分析，需要超越自我理性客观。司马迁能注意考察事情发展的全过程，把事件放到一定的社会背景下分析描写，对历史事实与社会现实都有一种理性的尊重，不以个人感情影响对客观事实的记载。英勇善战的飞将军李广，在抗击匈奴中发

---

[1] 左丘明：《左传》，上海古籍出版社1997年版，第540页。
[2] 左丘明：《左传》，上海古籍出版社1997年版，第541页。

挥了重大作用，终其一生却没有能够封侯，最终还落得被迫自杀的可悲结局。不同寻常的是，司马迁通过细节，表现了李广的自负其能、心胸狭隘、木讷不善言的致命缺点。在政治思想方面，司马迁更倾向于先秦儒家和他所主张的兼容各家之长的道家思想，对法家的严法苛刻和汉儒的腐酸诌媚深怀厌恶。司马迁并未以个人的爱憎定调，《史记》客观分析地记载商鞅、李斯、陆贾、叔孙通、董仲舒等人非凡的才能、值得称赞和借鉴的作为，这是只有史圣才可能有的超越，是需要大勇气和大胸怀的！

司马迁弘扬不隐恶的实录精神，更为难得的是，理性客观地以犀利之笔，揭露统治者的阴暗面，鞭挞统治者的种种丑恶，这是封建时代以至人类历史中史学家难能可贵、不可多有的。在《史记》中，司马迁不但敢于揭露历史上许多暴君如桀、纣、周厉王、秦始皇等的暴政暴行，而且敢于直接抨击当朝的开国之君刘邦。对他善于用人、善纳善谋、坚韧不拔的创业精神予以肯定与褒扬，同时也无情地揭露他的奸诈、自私、无赖作风。《高祖本纪》讽刺道:"为泗水亭长,廷中吏无所不狎侮。好酒及色。"《项羽本纪》记载刘邦为了自己逃脱项羽的追兵,竟然几次将亲生子女推下车以减轻车子重量。《张丞相列传》中这位汉天子竟然"骑周昌项":"昌尝燕时入奏事,高帝方拥戚姬,昌还走,高帝逐得,骑周昌项,问曰:'我何如主也?'昌仰曰:'陛下即桀纣之主也。'于是上笑之,然尤惮周昌。"揭露刘邦无赖的一面。在《萧相国世家》《淮阴侯列传》中批评刘邦猜忌和诛杀功臣的行径。正因此,司马迁遭到统治阶级的嫉恨、迫害和摧残。《三国志·王肃传》评到:"汉武帝闻其述《史记》,取孝景及己本纪览之,于是大怒,削而投之,于今此两纪有录无书。后遭李陵事,遂下迁蚕室。"司马迁并未因自己受到不公平待遇而虚构历史,相反,却促使他对社会问题有了更清醒的认识,直视历史的本来面目。所以班固高度评价《史记》云:"自刘向扬雄博极群书,皆称迁有良史之才,服其善序事理,辨而不华,质而不俚,其文直,其事核,不虚美,不隐恶,故谓之实录。"① 司马迁秉笔直书，如实记载了上下三千年的历史，特别是本朝历史，从而使《史记》具有强烈的批判性。司马迁的实录精神，经过众多史学家的实践和发展，成为中国史学的一个优良传统。

辩证分析、综合百家学说构建新的思想体系，是司马迁思维品质的又一大特征。司马迁时代，一个主要而迫切的任务是：总结历史经验，尤其是总结秦亡汉兴、楚败汉胜的根本原因，进行思想文化方面的总结，是摆在汉初统治者、大臣和学者面前的一个严肃的政治问题。对古代思想文化和社会兴衰经验教训进行总结，是当时一种时代的需要和呼唤，但各人所推究和总结的结果自然是不尽相同的。

司马迁钦佩和传承父亲司马谈《论六家要旨》的观点。其文称司马谈所推崇的道家，是综合吸收了各家之长的新思想。这种"道家使人精神专一，动合无形，赡足万物。其为术也，因阴阳之大顺，采儒墨之

---

① 班固：《汉书》，中华书局，1962年版，第2738页。

善，撮名法之要，与时迁移，应物变化，立俗施事，无所不宜，指约而易操，事少而功多"①。这里体现了司马迁力求综合各家之长，形成自己独到思想的观点。

朴素的唯物辩证的思维模式，是司马迁《史记》思维特质的第四个表现。我国先秦时期的思想家具备辩证思维模式，看问题能注意到事物的两个方面，注意到事物矛盾着的两个方面的对立和相互转换，这就是所谓"有对"之学。司马迁继承先秦"有对"之学的精华，《史记》闪耀着辩证思维的光芒。他评价历史事件和人物常常能够从正反两个方面去辩证把握思考分析，如汉灭秦后，汉初学者多站在汉朝的立场上，宣扬汉代皇权的天授和秦朝灭亡的必然性，而对秦之功劳则不能进行客观评价。司马迁在揭示"秦取天下多暴""烧天下诗书"残暴导致迅速灭亡的一面，又肯定秦在统一天下方面的成功与地位，指出"秦取天下多暴，然世异变，成功大……学者牵于所闻，见秦在

---

① 司马迁：《史记》，中华书局，1982年版，第3289页。

帝位日浅，不察其终始，因举而笑之，不敢道，此与以耳食无异"①。《史记》对于西汉当代社会记述，一方面写出了汉武帝时期国力之雄厚，另一方面揭示其暗藏的危机。如汉武帝时期物质财富大量增加，刺激了奢侈风气的漫延，国家的富实使得朝廷的欲望空前膨胀，连年向东瓯、两越、西南夷、匈奴开拓征战，又使国力消耗，财库空虚。

在人物评价方面，一分为二，褒贬同在。如司马迁在《项羽本纪》中肯定项羽的历史贡献，认为"三年，遂将五诸侯灭秦，分裂天下，而封王侯，政由羽出，号为'霸王'，位虽不终，近古以来未尝有也"。同时又明确批评项羽"自矜功伐，奋其私智而不师古，谓霸王之业，欲以力征经营天下"的严重缺点。又如，司马迁以远见卓识给陈涉以一定的历史地位，将其事迹列为世家，赞颂由他发难而推翻秦朝的壮举和历史地位。同时，又没有忽略他心胸狭隘、不能容人等缺点。

---

① 司马迁：《史记》，中华书局1982年版，第686页。

《史记》还有许多包含着辩证哲理的名言,如"尺有所短,寸有所长","满而不损则溢,盈而不持则倾","忠言逆耳利于行,药苦口利于病","智者千虑,必有一失;愚者千虑,必有一得"等,都富有哲理,耐人寻味,引人深思。

四、尚古更崇实的人文风范

司马迁《史记》严肃严谨对待历史、以历史的经验教训警世醒世,唤醒人们的切实追求,表现了司马迁作为学者的"尚古更崇实"的人文风范。

司马迁以"立功""立德""立言""三不朽"作为人生奋斗追求的目标,具有中国知识分子"忧国忧民"的传统美德,具有中国知识分子社会使命担当精神。在朝中任职,司马迁"以为戴盆何以望天,故绝宾客之知,忘室家之业,日夜思竭其不肖之材力,务壹心营职,以求亲媚于主上"①。遭遇李陵之祸后,司马

---

① 班固:《汉书》,中华书局1962年版,第2729页。

迁"身残处秽，动而见尤，欲益反损"①，但进取有为之心未灭更强，更加发愤著书，完成《史记》大作。司马迁之所以能忍奇耻大辱，是因为立功、立德、立言的崇高理想追求。他崇尚古之非凡，更期冀今后卓越，究以往奥妙，旨在寄厚望于今世与未来。

首先是崇尚古代明君。司马迁认同"有德则易以王，无德则易以亡"②，"奉职循理，亦可以为治，何必威严哉"③的道理，主张作为君主应该贤明，推行仁德，以德治国，爱抚百姓，反对君主严法残民。《五帝本纪》载："炎帝欲侵陵诸侯，诸侯咸归轩辕。轩辕乃修德振兵，治五气，艺五种，抚万民，度四方……诸侯咸尊轩辕为天子，代神农氏，是为黄帝。"炎帝侵凌诸侯，故众叛亲离；轩辕黄帝修德振兵，抚万民，度四方，终被尊为天子。帝尧在位，"其仁如天，其知如神。就之如日，望之如云。富而不骄，贵而不舒。黄

---

① 班固：《汉书》，中华书局1962年版，第2725页。
② 司马迁：《史记》，中华书局1982年版，第2716页。
③ 司马迁：《史记》，中华书局1982年版，第3099页。

收纯衣,彤车乘白马,能明驯德,以亲九族。九族既睦,便章百姓。百姓昭明,合和万国"。尧崩,"百姓悲哀,如丧父母。三年,四方莫举乐,以思尧"。《陈杞世家》中司马迁情不自禁地赞扬道:"舜之德可谓至矣,禅位于夏,而后世血食者历三代。及楚灭陈,而田常得政于齐,卒为建国,百世不绝,苗裔兹兹,有土者不乏焉。"《太史公自序》又云:"维昔黄帝,法天则地,四圣遵序,各成法度;唐尧逊位,虞舜不台;厥美帝功,万世载之。""禹之功,九州攸同,光唐虞际,德流苗裔",被记载到了《夏本纪》之中。商汤主张为政务必有功于民,其《汤诰》曰:"告诸侯群后:'毋不有功于民,勤力乃事。予乃大罚殛女,毋予怨。'"告诫诸侯要为百姓谋立功业,努力办好各自负责的事情,否则就要严加惩办。对于那些给国家和百姓带来富庶安定生活的君主,司马迁更是大力赞扬。商朝时,武丁帝任用贤良,"修政行德,天下咸欢,殷道复兴"。"维弃作稷,德盛西伯;武王牧野,实抚天下",在《周本纪》中予以记载。另如,对有禅让美德的吴太伯、季札,修德治国的齐太公,盛德昭世勤劳王室的周鲁公等的事迹,都给予记载和颂扬。

第二是向往和歌颂盛世。对古代盛世,司马迁充满向往赞颂之情。司马迁记载帝尧时,"百姓昭明,合和万国"①。帝舜时所用大臣"二十二人咸成厥功:皋陶为大理,平,民各伏得其实;伯夷主礼,上下咸让;垂主工师,百工致功;益主虞,山泽辟;弃主稷,百谷时茂;契主司徒,百姓亲和;龙主宾客,远人至;十二牧行而九州莫敢辟违;唯禹之功为大,披九山,通九泽,决九河,定九州,各以其职来贡,不失厥宜。方五千里,至于荒服。南抚交阯、北发,西戎、析枝、渠廋、氐、羌,北山戎、发、息慎,东长、鸟夷,四海之内咸戴帝舜之功"②。司马迁盛赞道:"天下明德皆自虞帝始。"又对复兴之世进行赞美:殷商武丁时,经过君臣努力,"殷果大治","天下咸欢,殷道复兴"。

西汉文景之治,是司马迁倾力颂扬的又一盛世。

---

① 司马迁:《史记》,中华书局1982年版,第15页。
② 司马迁:《史记》,中华书局1982年版,第43页。

《律书》云:"历至孝文即位……百姓无内外之繇,得息肩于田亩,天下殷富,粟至十余钱,鸣鸡吠狗,烟火万里,可谓和乐者乎!""会天下新去汤火,人民乐业,因其欲然,能不扰乱,故百姓遂安。自年六七十翁亦未尝至市井,游敖嬉戏如小儿状。"司马迁盛赞汉文帝为"孔子所称有德君子"。文景之治的经济繁荣一直延续到汉武帝初年。《平准书》云:"至今上即位数岁,汉兴七十余年之间,国家无事,非遇水旱之灾,民则人给家足,都鄙廪庾皆满,而府库余货财。京师之钱累巨万,贯朽而不可校。太仓之粟陈陈相因,充溢露积于外,至腐败不可食。众庶街巷有马,阡陌之间成群,而乘字牝者傧而不得聚会。守闾阎者食粱肉,为吏者长子孙,居官者以为姓号。故人人自爱而重犯法,先行义而后绌耻辱焉。"当时,"网疏而民富",社会稳定,经济空前繁荣。然而,汉武帝好大喜功和对外征战给社会带来了经济凋敝国库空虚局面。司马迁惋惜地指出:"役财骄溢,或至兼并豪党之徒,以武断于乡曲。宗室有土公卿大夫以下,争于奢侈,室庐舆服僭于上，无限度。物盛而衰，固其变也。"两相对比，对盛世赞美向往之情溢于言表。

司马迁《报任安书》说："古者富贵而名摩灭，不可胜记，唯倜傥非常之人称焉。"这些"倜傥非常之人"是司马迁由衷钦佩的，其包括哲人、贤君、良臣、君子等各类在社会中有所作为的人。因此说，崇尚古代哲人、贤臣、君子是司马迁文人风范的又一特征。

在古代哲人里，司马迁首推孔子。在《史记》一百三十篇里，他为孔子立有《孔子世家》，另有《仲尼弟子列传》专门记载孔子言行和思想，还在其他篇章里经常写到孔子，经常引用孔子话语评价人物和事件。司马迁认为，"周室既衰，诸侯恣行。仲尼悼礼废乐崩，追修经术，以达王道，匡乱世反之于正，见其文辞，为天下制仪法，垂《六艺》之统纪于后世。"《孔子世家》云："诗有之：'高山仰止，景行行止。'虽不能至，然心乡往之。余读孔氏书，想见其为人。适鲁，观仲尼庙堂车服礼器，诸生以时习礼其家，余祗回留之不能去云。天下君王至于贤人众矣，当时则荣,没则已焉。孔子布衣,传十余世,学者宗之。自天子王侯,中国言《六艺》者折中于夫子,可谓至圣矣!"给孔子以"至圣"的最高评价。

在古代君主里,司马迁最推崇那些励精图治,德行天下,社会大治,给百姓以富足,为社会做出重大贡献的帝王。而在臣子里,司马迁最为赞赏的是那些尽人臣之职,尽力扶助君主,积极有为,为社会做出贡献的人。如春秋时的晏子节俭,而夷吾奢侈,但他们辅佐君主以霸以治,皆受到司马迁的赞扬,《太史公自序》云:"晏子俭矣,夷吾则奢;齐桓以霸,景公以治。"郑国大夫子产"为相一年,竖子不戏狎,斑白不提挈,僮子不犁畔。二年,市不豫贾。三年,门不夜关,道不拾遗。四年,田器不归。五年,士无尺籍,丧期不令而治。治郑二十六年而死,丁壮号哭,老人儿啼,曰:'子产去我死乎!民将安归?'"司马迁高度赞扬这些循吏说:"孙叔敖出一言,郢市复。子产病死,郑民号哭。公仪子见好布而家妇逐。石奢纵父而死，楚昭名立。李离过杀而伏剑，晋文以正国法。①汉初辅佐刘邦的萧何、曹参、张良、陈平等。《太史公自序》云："楚人围我荥阳，相守三年；萧何填抚山西，推计踵兵，给粮食不绝，使百姓爱汉，不乐为楚。作《萧相国世家》第二十三。""与信定魏，破赵拔齐，遂弱楚人。续何相国，不变不革，黎庶攸宁。嘉参不伐功矜能，作《曹相国世家》第二十四。""运筹帷幄之中，制胜于无形，子房计谋其事，无知名，无勇功，图难于易，为大于细。作《留侯世家》第二十五。""六奇既用，诸侯宾从于汉；吕氏之事，平为本谋，终安宗庙，定社稷。作《陈丞相世家》第二十六。"另如，《史记》为袁盎、晁错立传，司马迁看重的是他们"敢犯颜色以达主义，不顾其身，为国家树长画"张释之、冯唐能"守法不失大理，言古贤人，增主之明"，也得以跻身于贤臣之林。而对于那些不尽人臣职责，阿谀奉承陷君主于不仁不义、身败名

---

① 司马迁：《史记》，中华书局1982年版，第3101页。

裂甚至国破家亡境地的臣子，司马迁则予以尖锐批评。秦朝名将蒙恬，因破齐有功被拜为内史，其弟蒙毅也位至上卿。蒙氏兄弟深得秦始皇的尊宠，蒙恬担任外事，蒙毅常为内谋，当时号称"忠信"，诸将都不敢与他们争宠。秦统一六国后，蒙恬率三十万大军北击匈奴。收复河南地，修筑西起陇西的临洮，东至辽东的万里长城，征战北疆十多年，威震匈奴，却没有建议秦始皇及时调整政策，施政以仁，最终秦二世赐死蒙氏兄弟。司马迁指出："夫秦之初灭诸侯，天下之心未定，痍伤者未疗。而恬为名将，不以此时强谏，振百姓之急，养老存孤，务修众庶之和，而阿意兴功，此其兄弟遇诛，不亦宜乎？"[①] 推究出蒙恬兄弟可悲结局的真正原因。

司马迁的崇实精神是其人文风范的第四个特征。司马迁并不是一味地向往欣赏古代，独自活在自己的理想王国里，而是具有强烈的崇实精神，尚古是为崇

---

① 司马迁：《史记》，中华书局1982年版，第2570页。

实服务的，崇实才是终极目标和关键所在。

关注社会现实、针砭社会现实的精神。司马迁记载古今历史，其中一个目的就是借古鉴今，"述往事，思来者""俟后世圣人君子"，以为现实社会服务，而且经常对现实社会发表意见。《平准书》重点在于对汉武帝时期对外扩张、对内兴作政策使得国家虚耗的现实提出批评，司马迁借秦喻汉云："于是外攘夷狄，内兴功业，海内之士力耕不足粮饷，女子纺绩不足衣服。古者尝竭天下之资财以奉其上，犹自以为不足也。"《封禅书》更对汉武帝寻找神仙、梦想长生不老的荒诞行为进行了嘲讽，指出了神仙之道不可信。《封禅书》在记载了秦始皇轻信"怪迂阿谀苟合之徒"寻找神仙的可笑行径后说："今天子初即位，尤敬鬼神之祀。"然后写汉武帝多次派方士去东海寻找神仙仙药，又派公孙卿兴修蜚廉桂观、益延寿观、通天茎台等以迎候神仙到来，甚至自己亲自去东海寻求神仙。司马迁一针见血地大胆指出："东至海上，考入海及方士求神者，莫验，然益遣，冀遇之。""今上封禅，其后十二岁而还，遍于五岳、四渎矣。而方士之候祠神人，入海求蓬莱，终无有验。而公孙卿之候神者，犹以大人之迹为解，无有效。天子益怠厌方士之怪迂语矣，然羁縻不绝，冀遇其真。自此之后，方士言神祠者弥众，然其效可睹矣。"其关注社会现实、针砭社会现实的精神可钦可敬。

从现实出发的精神。司马迁分析问题常常能把握事情发生的大背景，注意从现实出发。古代盛世的出现，离不开当时的时代背景，人们对盛世的理解，不同时代有不同时代的标准。如"老子曰：'至治之极，邻国相望，鸡狗之声相闻，民各甘其食，美其服，安其俗，乐其业，至老死不相往来。'必用此为务，挽近世涂民耳目，则几无行矣"①。如此的小国寡民社会已经不能满足后代百姓对社会生活的要求。司马迁又云："夫神农以前，吾不知已。至若《诗》《书》所述虞夏以来，耳目欲极声色之好，口欲穷刍豢之味，身安逸

---

① 司马迁：《史记》，中华书局1982年版，第3253页。

乐，而心夸矜势能之荣。使俗之渐民久矣，虽户说以眇论，终不能化。"① 这种世俗的形成，有一个渐进的长期过程，人们不能用一朝的观念去评论指责它。这种把事件和人物放到一定历史条件下去分析评论的方法是具有科学意义的，是具有唯物辩证思想的，有利于对历史事件和历史人物做出客观的正确评价。

司马迁精神内涵丰富，博大精深，具有重要而深刻的时代价值，历久弥新，对后世有着巨大的教育、引导和激励作用。我们应该大力传承司马迁精神，弘扬中华人文精神，坚持树立社会主义核心价值观，为实现中华民族伟大复兴的"中国梦"做出积极切实、富有创造、卓有成效的贡献！

---

① 司马迁：《史记》，中华书局1982年版，第3253页。